Principios para la vida cristiana
Curso Básico de la Escuela de Liderazgo

Iglesia del Nazareno
Región Mesoamérica

Mónica Mastronardi

Principios para la vida cristiana

Libro de la serie "Escuela de Liderazgo"
Curso Básico

Autor: Mónica E. Mastronardi de Fernández
Co-autor: Karla Córdoba

Con la colaboración de: Jenny María Díaz Moreno

Edición: Dra. Mónica E. Mastronardi de Fernández
Revisores: Dr. Rubén E. Fernández, Rosa Zuñiga Navarro

Material producido por EDUCACIÓN Y DESARROLLO PASTORAL de la Iglesia del Nazareno,
Región Mesoamérica - www.edunaz.org
Dirección postal: Apdo. 3977 – 1000 San José, Costa Rica, América Central
Teléfono (506) 2285-0432 / 0423 - Email: EL@mesoamericaregion.org

Publica y distribuye Asociación Región Mesoamérica
Av. 12 de Octubre Plaza Victoria Locales 5 y 6
Pueblo Nuevo Hato Pintado, Ciudad de Panamá
Tel. (507) 203-3541
E-mail: literatura@mesoamericaregion.org

Copyright © 2017 - Derechos reservados
Queda prohibida la reproducción parcial o total, por cualquier medio,
sin el permiso escrito de Educación y Desarrollo Pastoral de la Iglesia del Nazareno,
Región Mesoamérica. www.mesoamericaregion.org

Todas las citas son tomadas de la Nueva Versión Internacional 1999
por la Sociedad Bíblica Internacional, a menos que se indique lo contrario

Diseño de portada: Juan Manuel Fernández (www.juanfernandez.ga)
Imagen de portada por Joshua Jordan
Utilizada con permiso (Creative Commons)

Impresión digital

Índice de las lecciones

Lección 1	¿Qué es adoración?	9
Lección 2	¿Qué es la Biblia?	17
Lección 3	¿Quién es Jesús?	25
Lección 4	¿Quién es el Espíritu Santo?	33
Lección 5	¿Porqué necesito ser salvo?	41
Lección 6	¿Cómo puedo ser santificado?	49
Lección 7	¿Cuál es el propósito de la Iglesia?	57
Lección 8	¿Qué dice la Biblia sobre el futuro?	65

Presentación

La serie de libros **Escuela de Liderazgo** ha sido diseñada con el propósito de proveer una herramienta a la iglesia para la formación, capacitación y entrenamiento de sus miembros a fin de integrarlos activamente al servicio cristiano conforme a los dones y el llamado (vocación) que han recibido de su Señor.

Cada uno de los libros provee el material de estudio para un curso del programa **Escuela de Liderazgo** que es ofrecido por las Instituciones Teológicas de la Región Mesoamérica de la Iglesia del Nazareno. Éstas son: IBN (Cobán, Guatemala); STN (Ciudad de Guatemala); SENAMEX (Ciudad de México) y SENDAS (San José, Costa Rica); SND (Santo Domingo, República Dominicana) y SETENAC (La Habana, Cuba). Un buen número de los y las líderes de estas instituciones (rectores, directores, vicerrectores y directores de estudios descentralizados) participaron activamente en el diseño del programa.

La **Escuela de Liderazgo** cuenta con cinco Cursos Básicos, comunes a todos los ministerios, y seis Cursos Especializados para cada ministerio, al final de los cuales la Institución Teológica respectiva le otorga al estudiante un certificado (o diploma) en Ministerio Especializado.

El objetivo general de la **Escuela de Liderazgo** es: "Colaborar con la iglesia local en el equipamiento de los "santos para la obra del ministerio" cimentando en ellos un conocimiento bíblico teológico sólido y desarrollándolos en el ejercicio de sus dones para el servicio en su congregación local y en la sociedad." Los objetivos específicos de este programa son tres:

- Desarrollar los dones del ministerio de la congregación local.
- Multiplicar ministerios de servicio en la iglesia y la comunidad.
- Despertar la vocación al ministerio profesional diversificado.

Agradecemos a la Dra. Mónica Mastronardi de Fernández por su dedicación como Editora General del proyecto, a los Coordinadores Regionales de Ministerios y al equipo de escritores y diseñadores que colaboraron en este proyecto. Agradecemos de igual manera a los profesores y profesoras que compartirán estos materiales. Ellos y ellas harán la diferencia en las vidas de miles de personas a lo largo y ancho de Mesoamérica.

Finalmente, no podemos dejar de agradecer al Dr. L. Carlos Sáenz, Director Regional MAR, por su respaldo permanente en esta tarea, fruto de su convicción de la necesidad prioritaria de una iglesia equipada de manera integral.

Oramos por la bendición de Dios para todos los discípulos y todas las discípulas cuyas vidas y servicio cristiano serán enriquecidos por estos libros.

Dr. Rubén E. Fernández
Coordinador de Educación y Desarrollo Pastoral
Región Mesoamérica

¿Qué es la Escuela de Liderazgo?

Escuela de Liderazgo es un programa de educación para laicos en las diferentes especialidades ministeriales para involucrarlos en la misión de la iglesia local. Este programa es administrado por las Instituciones Teológicas de la Iglesia del Nazareno en la Región Mesoamérica e impartido tanto en sus sedes como en las iglesias locales inscriptas.

¿Para quiénes es la Escuela de Liderazgo?

Para todos los miembros en plena comunión de las iglesias del nazareno quienes habiendo participado en los niveles B y C del programa de discipulado, desean de todo corazón descubrir sus dones y servir a Dios en su obra.

Plan ABCDE

Para contribuir a la formación integral de los miembros de sus iglesias, la Iglesia del Nazareno de la Región Mesoamérica ha adoptado el plan de discipulado ABCDE, y desde el año 2001 ha iniciado la publicación de materiales para cada uno de estos niveles. La Escuela de Liderazgo corresponde al Nivel D del plan de discipulado ABCDE y ha sido diseñada para aquellos que ya han pasado por los anteriores niveles de discipulado.

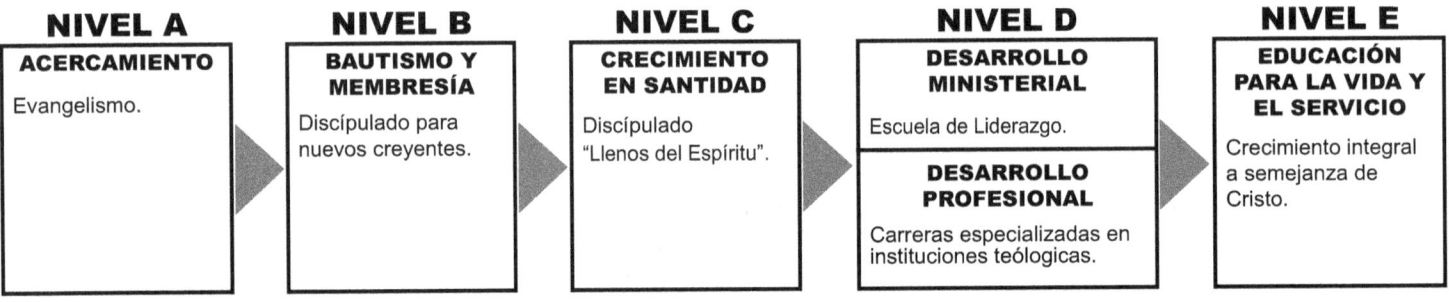

En la Iglesia del Nazareno creemos que hacer discípulos a imagen de Cristo en las naciones es el fundamento de la obra misional de la Iglesia y responsabilidad de su liderazgo (Efesios 4:7-16). La labor de discipulado es continua y dinámica, es decir el discípulo nunca deja de crecer a semejanza de su Señor. Este proceso de crecimiento, cuando es saludable, ocurre en todas dimensiones: en la dimensión individual (crecimiento espiritual), en la dimensión corporativa (incorporación a la congregación), en la dimensión santidad de vida (transformación progresiva de nuestro ser y hacer conforme al modelo de Jesucristo) y en la dimensión servicio (invertir la vida en el ministerio).

Dra. Mónica Mastronardi de Fernández
Editora General Libros de Escuela de Liderazgo

¿Cómo usar este libro?

Este libro que tiene en sus manos es para el curso introductorio: Descubriendo mi Vocación en Cristo, del programa Escuela de Liderazgo. El objetivo de este curso es ayudar a los miembros de las iglesias del Nazareno a descubrir sus dones y su llamado ministerial, y al mismo tiempo animarlos a matricularse en la Escuela de Liderazgo a fin de capacitarse para servir al Señor en su iglesia local.

¿Cómo están organizados los contenidos de este libro?

Cada una de las ocho lecciones de este libro contiene lo siguiente:

> **Objetivos:** estos son los objetivos de aprendizaje que se espera que el alumno alcance al terminar el estudio de la lección.

> **Ideas Principales:** Es un resumen de las enseñanzas claves de la lección.

> **Desarrollo de la lección:** Esta es la sección más extensa pues es el desarrollo de los contenidos de la lección. Estas lecciones se han escrito pensando en que el libro es el maestro, por lo que su contenido se expresa en forma dinámica, en lenguaje sencillo y conectado con las ideas del mundo contemporáneo.

> **Notas y comentarios:** Los cuadros al margen tienen el propósito de aclarar términos y proveer notas que complementan o amplían el contenido de la lección.

> **Preguntas:** En ocasiones se incluyen preguntas al margen que el profesor puede usar para introducir, aplicar o reforzar un tema de la lección.

> **¿Qué aprendimos?:** En un recuadro que aparece al final del desarrollo de la lección se provee un resumen breve de lo aprendido en la misma.

> **Actividades:** Esta es una página al final de cada lección que contiene actividades de aprendizaje individuales o grupales relativas al tema estudiado. El tiempo estimado para su realización en clase es de 20 minutos.

> **Evaluación final del curso:** Esta es una hoja inserta en la última página del libro y que una vez completada el alumno debe separar del libro y entregar a profesor del curso. La duración estimada para esta actividad de reforzamiento final es de 15 minutos.

¿Cuánto dura el curso?

Este libro ha sido diseñado para que el curso pueda enseñarse en diferentes modalidades:

<u>Como curso de 8 sesiones:</u>

En total se requieren 12 horas de clase presencial repartidas en 8 sesiones de 90 minutos. Los días y horarios serán coordinados por cada Institución Teológica y cada iglesia o centro local de estudios. Dentro de esta hora y media el profesor o la profesora debe incluir el tiempo para las actividades contenidas en el libro.

<u>Como taller de 3 sesiones:</u>

- Sesión plenaria de 90 minutos (lección 1).
- Seis talleres de 90 minutos cada uno. Los participantes asisten a uno de estos talleres conforme a sus dones más fuertes (lecciones 2 a 7).

- Última plenaria de 90 minutos (lección 8).

Ejemplo de cómo distribuir el tiempo para taller de un sábado:

Taller: Descubra su vocación en Cristo

8:00 am	Inscripción
8:30 a 10:00 am	Plenaria: Descubre tus dones espirituales
10:00 a 10:30 am	Receso
10:30 a 12:00 am	Talleres sobre Especialidades Ministeriales
12:00 a 1:00 pm	Almuerzo
1:00 a 2:30 pm	Plenaria ¿Cuál es mi función en el Cuerpo de Cristo?
2:30 a 3:00 pm	Receso
3:00 a 4:00 pm	Presentación de Escuela de Liderazgo y Prematrícula para Cursos Básicos

¿Cuál es el rol del alumno?

El alumno es responsable de:

1. Matricularse a tiempo en el curso.
2. Adquirir el libro y estudiar cada lección antes de la clase presencial.
3. Asistir puntualmente a las clases presenciales.
4. Participar en las actividades en clase.
5. Participar en la práctica ministerial en la iglesia local fuera de clase.
6. Completar la evaluación final y entregarla al profesor.

¿Cuál es el rol del profesor del curso?

Los profesores y las profesoras para los cursos de Escuela de Liderazgo son pastores/as y laicos comprometidos con la misión y ministerio de la Iglesia y de preferencia que cuentan con experiencia en el ministerio que enseñan. Ellos son invitados por el/la Director/a de Escuela de Liderazgo de la iglesia local (o Institución Teológica) y sus funciones son:

1. Prepararse con anterioridad estudiando el contenido del libro y programando el uso del tiempo en la clase. Al estudiar la lección debe tener a mano la Biblia y un diccionario. Aunque en las lecciones se usa un vocabulario sencillo, se recomienda "traducir" lo que se considere difícil de entender a los alumnos y alumnas, o sea, poner la lección en el lenguaje que ellos y ellas comprenden mejor.

2. Velar para que los/as alumnos/as estudien el material del libro y alcancen los objetivos de aprendizaje.

3. Planear y acompañar a los estudiantes en las actividades de práctica ministerial. Estas actividades deben programarse y calendarizarse junto al pastor local y el/la director/a del ministerio respectivo. Para estas actividades no debe descontarse tiempo a las clases presenciales.

4. Llevar al día la asistencia y las calificaciones en el formulario de Informe de clase. El promedio final será el resultado de lo demostrado por el/la estudiante en las siguientes actividades:

   a. Trabajo en clase

    b. Participación en la práctica ministerial fuera de clase.

    c. Evaluación final

5. Recoger las hojas de "Evaluación", entregarlas junto al formulario "Informe de clase" al finalizar el curso al/ a la director/a de Escuela de Liderazgo local, esto después de evaluar, cerrar los promedios y verificar que todos los datos estén completos en el formulario.

6. Los profesores y las profesoras no deben agregar tareas de estudio o lecturas aparte del contenido del libro. Si deben ser creativos/as en el diseño de actividades de aprendizaje en clase y en planear actividades ministeriales fuera de clase conforme a la realidad de su iglesia local y su contexto.

¿Cómo enseñar una clase?

Se recomienda usar los 90 minutos de cada clase presencial de la siguiente manera:

- **5 minutos:** Enlace con el tema de la lección anterior y orar juntos.

- **30 minutos:** Repaso y discusión del desarrollo de la lección. Se recomienda usar un bosquejo impreso, pizarra o cartulina u otro disponible, usar dinámicas de aprendizaje y medios visuales como gráficos, dibujos, objetos, láminas, preguntas, asignar a los alumnos que presenten partes de la lección, etc. No se recomienda usar el discurso o que el maestro lea nuevamente el contenido de la lección.

- **5 minutos:** Receso ya sea en el medio de la clase o cuando sea conveniente hacer un corte.

- **20 minutos:** Trabajo en las actividades del libro. Esto puede realizarse al inicio, en el medio o al final del repaso, o bien se pueden ir completando actividades a medida que avanzan en los temas y conforme éstas se relacionan con los mismos.

- **20 minutos:** Discusión sobre la práctica ministerial que hicieron y que tendrán. Al inicio del curso se deberá presentar a los estudiantes el calendario de la práctica del curso para que ellos hagan los arreglos para poder asistir. En las clases donde se hable sobre la práctica que ya hicieron, la conversación debe ser dirigida para que los alumnos compartan lo que aprendieron; tanto de sus aciertos, como de sus errores, así como de las dificultades que se presentaron.

- **10 minutos:** Oración por los asuntos surgidos de la práctica (desafíos, personas, problemas, metas, agradecimiento por los resultados, entre otros).

¿Cómo hacer la evaluación final del curso?

Asigne 15 minutos de tiempo a los y las estudiantes en la última clase del curso. Si fuera necesario ellos y ellas pueden consultar sus libros y Biblias. Las evaluaciones finales se han diseñado para ser una actividad de reforzamiento de lo aprendido en el curso y no una repetición memorística de los contenidos del libro. Lo que se propone con esta evaluación es medir la comprensión y la valoración del estudiante hacia los temas tratados, su crecimiento espiritual, su progreso en el compromiso con la misión de la iglesia local y su avance en experiencia ministerial.

Actividades de práctica ministerial

Las siguientes son actividades sugeridas para la práctica ministerial fuera de clase.

En la lista abajo se incluyen dos sugerencias para cada una de las seis especialidades ministeriales, con el fin de ayudar a los profesores, pastores, director de Escuela de Liderazgo local y directores locales de ministerio. Entre ellas se puede escoger la que más se adapte a la realidad contextual y el ministerio de la iglesia local o bien puede ser reemplazada por otra conforme a las necesidades y posibilidades.

Si opta por la modalidad curso en ocho sesiones puede calendarizar una o dos prácticas en las semanas entre las mismas.

Si opta por la modalidad taller recomendamos hacer una práctica como cierre del curso en la semana siguiente o bien si el taller se da en dos fines de semana planear una práctica en medio.

Actividades de práctica ministerial sugeridas para Principios para la vida cristiana

1. Durante el tiempo que dure el curso cada estudiante discipulará a un/a nuevo/a creyente con las lecciones Nueva Vida en Cristo (nivel B del Plan de Discipulado ABCDE).

2. Un comité de estudiantes elaborará un plan para reafirmar los artículos de fe de la Iglesia del Nazareno durante los cultos de manera creativa, usando los recursos y talentos disponibles.

3. Diseñar una invitación a una actividad evangelística sobre el tema ¿Quién es Jesús? Puede ser un desayuno, un café en la tarde, una cena, u otra. (Esta actividad puede combinarse con la sugerida en los puntos 4 y 5).

4. Invitar a familiares, amigos y vecinos a la actividad evangelística usando las invitaciones (punto 3). Para hacerlo más interesante, comenzar pidiendo que mencionen una pregunta que tengan sobre Jesús. Tomar nota de las preguntas para luego usarlas como guía para los temas a desarrollar en la actividad.

5. Diseñar una actividad evangelística con música y/o feria de talentos y mensaje evangelístico sobre el tema ¿Quién es Jesús? (Esta actividad puede complementarse con las sugeridas en los puntos 3 y 4).

6. Organizar un concurso de dibujo para niños sobre el tema ¿Cuál es el propósito de la Iglesia?

7. En la primer semana del curso hacer una encuesta a la gente de la congregación para identificar a quienes no tienen la experiencia de ser llenos del Espíritu Santo. Luego durante un mes orar por estas personas para que sean llenos del poder de Dios.

8. Organizar un tiempo de retiro espiritual de un día o un fin de semana para orar y aprender sobre el tema: ¿Cómo puedo ser lleno del Espíritu Santo? Esta puede ser una actividad con un grupo o para toda la congregación. (Esta actividad puede complementarse con la del punto 7).

Lección 1

¿Qué es la adoración?

Objetivos

- Identificar enseñanzas erróneas sobre Dios.
- Conocer que enseña la Biblia sobre Dios.
- Valorar al Dios de amor santo.

Ideas Principales

- Dios existe y se ha revelado en tres personas distintas: Padre, Hijo y Espíritu Santo.
- La teología nos ayuda a estudiar las cualidades asombrosas de nuestro Dios.
- Las dos cualidades sobresalientes del carácter de Dios son santidad y amor.

Introducción

¿Cómo es Dios para la gente de su comunidad?

El propósito de esta lección es conocer las verdades fundamentales que la Biblia enseña respecto a Dios. Debemos comenzar aclarando que ningún ser humano puede abarcar con su intelecto limitado una comprensión completa del magnífico Creador del universo. Sin embargo, la Biblia provee enseñanza para que podamos conocer con mayor claridad a nuestro Dios y así poder acercarnos y relacionarnos con Él. Con la ayuda de la teología estudiaremos ¿quién es Dios?

¿Qué es la teología? La teología es el estudio ordenado de la verdad acerca de Dios y su relación con el ser humano, según se nos ha revelado en las Sagradas Escrituras. La teología es la ciencia que nos ayuda a responder a las preguntas más importantes de la vida: ¿de dónde vengo?, ¿cuál es mi propósito en la vida?, ¿a dónde iré cuando muera?, entre otras. La teología es tan necesaria a la fe cristiana como el esqueleto al cuerpo humano. El cristiano necesita conocer y comprender las verdades que declara la Palabra de manera que pueda entenderlas con suficiente claridad para enseñarlas, vivirlas y defenderlas.

¿Es el Dios de los cristianos uno más entre otros dioses?

Hay muchos "dioses" falsos creados por los seres humanos.

"Y esta es la vida eterna: que te conozcan a ti, el único Dios verdadero, y a Jesucristo, a quién has enviado"
(Juan 17:3 RV).

En el Antiguo Testamento cualquier cosa o persona que fuera objeto de adoración, aparte de Jehová, era considerado un "ídolo"; o sea, algo que estaba usurpando el lugar que sólo le correspondía a Dios. Los profetas del Antiguo Testamento constantemente denunciaron la insensatez de aquellos que confiaban en "dioses" hechos por manos humanas, creados por los seres humanos en función de sus necesidades y caprichos egoístas.

De acuerdo con el profesor Orton Wiley, idolatría es "dar honores divinos a ídolos, imágenes, o cualquier objeto, pero también puede consistir en excesiva admiración, veneración o amor por una persona o una cosa".

Algunos grupos "cristianos" han difundido el concepto de un "dios" que está al servicio del hombre. Este "dios" es uno a quien se le puede manipular para que complazca los deseos de sus "siervos". Otros, seguidores de la llamada "teología de la prosperidad", conciben a Dios como aquel cuya prioridad es proveer "prosperidad económica" de los que le adoran y sirven. Otros han convertido a Dios en un auxilio sólo para el tiempo de necesidad, alguien a quien recurrir cuando necesitan ayuda, algo así como el limpiaparabrisas del automóvil, del cual sólo nos acordamos cuando llueve.

"Yo, yo soy el SEÑOR, fuera de mí no hay ningún otro salvador" (Isaias 43:11).

¿Por qué la gente prefiere un "dios" a su medida en lugar de conocer al verdadero Dios? Esto se debe a que los seres humanos están muy cómodos siendo sus propios "dioses", mientras viven su vida como si Dios no existiera. El problema es que al reconocer que existe un Dios creador y dueño de todo, deberían también aceptar que este Dios es por derecho propio, el Dueño y Señor de sus vidas y tal reconocimiento les llevaría a cambiar su estilo de vida, ya no podrían vivir una vida guiada por los caprichos de su voluntad.

En resumen, quienes niegan la existencia de Dios o no muestran interés por conocer al verdadero y único Dios, es porque no están dispuestos a asumir su responsabilidad delante del Ser Supremo (Romanos 1:28-29). Para que una persona llegue al punto de reconocer a Dios como Señor de su vida hay varios obstáculos que debe cruzar:

- **El primer obstáculo** es **admitir** que Dios existe, lo cual es difícil porque no quieren perder la libertad de vivir conforme a sus deseos y placeres.

- **El segundo obstáculo**, es **reconocer** que Dios es soberano, creador de **todo** (incluso del ser humano). Es difícil porque implica aceptar que Dios tiene el control de la vida, y que se tiene el compromiso de rendir cuentas a Él de lo que se hace con ella.

- **El tercer obstáculo** es **dar** a Dios lo que sólo Él merece recibir: la adoración. Esto implica mover el centro de la adoración de nosotros mismos hacia Dios, pero es difícil, ya que el ser humano siempre quiere ser reconocido y recibir la gloria.

Dios y dioses
En la literatura cristiana y en la Biblia cuando Dios se escribe con "D" mayúscula se refiere al único y verdadero Dios, pero cuando se escribe con "d" minúscula se refiere a otros dioses que no son verdaderos, aunque las personas que los adoran piensen que si lo son.

Los seres humanos se equivocan al pensar que tienen el derecho de juzgar, recibir la gloria y ejercer autoridad o poder sobre su propia vida y la de los demás. Usurpar el lugar de Dios, apropiarse de su derecho como Señor y Dios, es la misma tentación que Satanás puso delante de Adán y Eva, cuando les provocó con el deseo de querer "ser como Dios" (Génesis 3:4-5).

Lección 1 - ¿Qué es la Adoración?

"No hay más Dios que Yo"

Para estudio de ¿Quién es Dios?
Isaías 6:1-7; 45:20-23
Éxodo 3:14-15
Deuteronomio 33: 27
Salmos 16:2; 102: 27
Isaías 45:20—21
1 Juan 4:7-1
1Timoteo 1: 17
Apocalipsis 4: 8

La Biblia revela al único y verdadero Dios.

El profeta Isaías proclamó que Jehová es el único y verdadero Dios, todopoderoso, creador de los cielos y de la tierra, señor de señores y rey de reyes. Isaías 45: 21-22 dice: *"Declaren y presenten sus pruebas, deliberen juntos. ¿Quién predijo esto hace tiempo, quién lo declaró desde tiempos antiguos? ¿Acaso no lo hice yo, el SEÑOR? Fuera de mí no hay otro Dios; Dios justo y Salvador, no hay ningún otro fuera de mí. Vuelvan a mí y sean salvos, todos los confines de la tierra, porque yo soy Dios, y no hay ningún otro"*. Esta declaración la hizo el profeta cuando todos los pueblos vecinos de Israel eran politeístas, es decir, adoraban a muchos dioses diferentes. Lamentablemente, Israel también cayó en ese pecado.

Isaías enseña que Dios es totalmente diferente a estos "dioses" creados por el hombre. Para estos pueblos la idea de un Dios creador, todopoderoso, único y sustentador de todo lo que existe, era difícil de aceptar. Es por esa razón que tenían multitud de dioses que fueron plasmados en imágenes a semejanza de seres humanos o animales. Estos dioses tenían las mismas debilidades e imperfecciones humanas, pero sus adoradores creían que eran más "grandes" y "poderosos" que ellos. Sin duda quisieron representar en aquel "ídolo" el deseo anhelado de "ser como dioses", deseo que Satanás, en forma de serpiente, puso en el corazón humano en el jardín del Edén (Génesis 3:4-5).

El Dios Trino
"Creemos en un solo Dios eternamente existente e infinito, Soberano del universo; que sólo Él es Dios, Creador y administrador, santo en naturaleza, atributos y propósito; que Él, como Dios, es trino en su ser esencial, revelado como Padre, Hijo y Espíritu Santo.
(Génesis 1; Levítico 19:2; Deuteronomio 6:4-5; Isaías 5:16; 6:1-7; 40:18-31; Mateo 3:16-17; 28:19-20; Juan 14:6-27; 1 Corintios 8:6; 2 Corintios 13:14; Gálatas 4:4-6; Efesios 2:13-18)". (Manual de la Iglesia del Nazareno 2017-2021. Artículo de fe I).

¿Somos politeístas los cristianos por creer en un Dios trino?

Dios se revela en tres personas.

Las enseñanzas de Jesucristo en el evangelio de Juan capítulos 14 y 16 son de ayuda para comprender el misterio de la trinidad. El Maestro enseñó que hay un Padre, un Hijo y un Espíritu Santo, que existen y se relacionan en perfecta comunión, en unidad y en amor, y que estas tres personas son uno y el mismo Dios. El hombre y la mujer no pueden ir al Padre (Filipenses 4:20), sin relacionarse primero con el Hijo (Mateo 1:21; Tito 1:3) , y no pueden relacionarse con el Hijo, sin depender del Espíritu Santo (Efesios 2:18).

No hay duda que esta verdad revelada en las Escrituras va más allá de lo que la razón puede comprender, pero eso no significa que no sea verdadera. Es una realidad que sólo puede ser aceptada por la fe.

El Padre, el Hijo y el Espíritu Santo colaboran en la misión de rescatar a los seres humanos de su pecado. Ellos trabajan continuamente para llevar la salvación a todas las familias de la tierra, pero nunca lo hacen en forma independiente, sino como equipo y dirigiendo el ministerio de la Iglesia.

¿Quién es Dios?

¿Los cristianos tenemos un Dios o tres Dioses?

Cuando se intenta describir a Dios, hay que hablar acerca de su naturaleza, es decir esos atributos (características o cualidades) de su ser que únicamente Él posee. La teología organiza y describe dichas características, las que se han resumido en el siguiente cuadro:

ATRIBUTOS DE DIOS	DESCRIPCIÓN	PASAJES
Eterno	La existencia de Dios no tuvo un principio ni tendrá fin. Él es el principio y el final. Dios existe antes de la historia y existirá después de ella.	Job 36: 26, Salmo 90:2, 102:25-27; Isaías 40:4; 1 Timoteo 1:17, Apocalipsis 1:8, 4:8.
Soberano y creador	Como creador y sustentador de la vida Dios es soberano, tiene el control y el derecho sobre el destino de su creación.	Éxodo 3: 14-15; Salmos 16:2; 115:3.
Omnisciente	El conocimiento perfecto de todas las cosas lo tiene Dios, por lo tanto Él es omnisciente. Dios conoce todo del pasado, del presente y los eventos del futuro. Él conoce lo más profundo del corazón humano y la vida de cada persona.	Deuteronomio 2:7; Job 37:16; Proverbios 2:5-7; Salmos 73:11; 81:14-15; 94:11; 104:24; 139:1-4; 147: 5; Mateo 11: 21, Santiago 1:15.
Omnipotente	Dios es todopoderoso. No existe límite alguno para el poder de Dios, Él puede hacer todo lo que desee, no hay nada que sea imposible para Dios.	Job 37:23; Jeremías 32:17; Salmos 33:8-9.
Inmutable	Dios no cambia, no varía. Dios no es caprichoso sino constante en su amor y propósito de salvación.	Malaquías 3:6.
Omnipresente	Dios está siempre presente en todo lugar al mismo tiempo. Él lo llena todo, nada existe fuera de su presencia. No hay lugar en la tierra, el mar, el cielo o el infierno adonde se pueda huir de la presencia de Dios. Este atributo es sólo de Dios, no lo posee ni Satanás, ni los ángeles o los demonios.	Jeremías 23:24; Salmos 139:7-12.
Espíritu	Dios no posee un cuerpo físico, es espíritu e invisible a nuestros ojos.	Juan 4:24; Colosenses 1.15; 1 Timoteo 1:17; Hebreos 11:27.

Alfa y Omega son la primera y última letra del alfabeto griego, así que cuando Dios dice que Él es Alfa y Omega quiere decir que es antes de todo lo demás y es después de todo lo demás, es decir, Él es el principio de todo y siempre será el fin de todo.

*El nombre **Jehová** se deriva de la palabra hebrea hwh o hyh (ser), y se traduce como "el que es". Se refiere a la eternidad y autonomía de Dios sobre la creación. También significa "el que da la vida".*

*La palabra **adonai** en hebreo significa señor, amo, dueño. La Biblia afirma que Dios es el dueño de todo y que por consiguiente, tiene el derecho de reclamar la obediencia incondicional de todos los seres humanos.*

Lección 1 - ¿Qué es la Adoración?

¿Cómo es el carácter de Dios?

Las dos cualidades supremas que describen el carácter de Dios son santidad y amor.

Dios es una persona con un carácter lleno de cualidades excepcionales y desea compartir estás magníficas cualidades con sus hijos e hijas.

El Antiguo Testamento afirma que Dios es santo, (en hebreo, *qadash*). Esta santidad no es una más de sus cualidades, sino que constituye su carácter esencial (Levítico 19:2; Éxodo 15:1, Salmo 22:3; Juan 17:11). Esto significa que se puede llamar a Dios "santo" de la misma manera que lo llamamos Dios, porque "Santo es su nombre" (Isaías 57:15; Lucas 1:49; Apocalipsis 4:8).

Dios es el único ser que es santo en si mismo (Isaías 6:1-7). En el Antiguo Testamento se da también la calidad de santo a lugares, objetos y personas que están dedicados al servicio de Dios. Por ejemplo, el sábado es un día santo, porque había sido separado por Jehová (Génesis 2:3; Éxodo 20:8). El monte Sión era santo, porque allí Dios se manifestó a Abraham (Salmo 2:6). Los sacerdotes eran santos porque Dios los había separado para ese oficio (Éxodo 28:41).

Cuando la Biblia afirma que Dios es santo, significa que Dios es perfecto ética y moralmente, y que sus cualidades de justicia, verdad, fidelidad e integridad son absolutas o perfectas en Él. Dios desea que sus hijos sean santos o perfectos de la misma manera que Él (1 Pedro 1:16; Mateo 5:48). El Espíritu Santo es quien produce en el discípulo de Cristo esta santidad progresiva que se inicia en el momento de la conversión y se profundiza con la llenura del Espíritu en la santificación (Filipenses 3:12; Colosenses 1:28).

Mientras que el Antiguo Testamento enfatiza la santidad de Dios, el Nuevo Testamento resalta que Dios es amor. En 1 Juan 4:8 se declara que Dios es amor, es decir, la esencia misma de su ser es amor. El amor de Dios es la fuerza que mueve este mundo y el poder que está presente y que motiva todo lo que Él hace.

Aunque parezca contradictorio, aun su juicio y su ira son el resultado de su amor y son dirigidos hacia todo aquello que daña a sus criaturas. Es por eso que la Palabra enseña que Dios aborrece al pecado, pero ama al pecador. Dios siempre actuará de acuerdo con lo que es recto y justo, el dará recompensa a los que hacen el bien y castigará a los que hacen el mal.

Dios envió a su Hijo al mundo para mostrar su amor y para enseñar a sus hijos e hijas a amar como Él ama. ¿Cuáles son las características de ese amor de Dios? En 1 Corintios 13:4-7 se encuentra la respuesta a esta pregunta.

Dios es el creador y sustentador de todo el universo y busca tener comunión con las criaturas que viven en él. Dios no abandonó a su creación (enseñanza de los deístas); tampoco la dejó a la deriva, para que todo surgiera como fruto de la evolución natural (como afirman los evolucionistas), ni tampoco se distribuyó en partículas de energía para formar parte de su creación (como creen los panteístas o la Nueva Era).

El amor que proviene de Dios es...

1. Es sufrido
2. Es bondadoso
3. No tiene envidia
4. No se alaba a si mismo
5. No se llena de orgullo
6. No hace nada indebido
7. No es egoísta
8. No se enoja
9. No guarda rencor
10. No se goza en la injusticia
11. Todo lo sufre
12. Todo lo cree
13. Todo lo espera
14. Todo lo soporta

> "Jehová nuestro Dios, Jehová uno es" esta es una declaración clara del monoteísmo, que solo hay un Dios, que Dios es uno. Él es una unidad, no hay otro Dios (Deuteronomio 6:4 RV).

Los cristianos son llamados a dejar que este amor santo de Dios crezca más y más en su ser. La meta de la vida cristiana es ser maduros en el amor a Dios y al prójimo, crecer en esta calidad de amor es crecer en santidad de vida. La meta es alcanzar la plenitud del amor que hubo en Cristo Jesús quien nos mostró el camino de la vida que agrada al Padre (Efesios 4:15).

¿Qué Aprendimos?

La teología nos ayuda a conocer lo que la Biblia enseña sobre el verdadero y único Dios creador, sustentador de la vida y soberano del universo y de esta manera poder diferenciarlo de otros "dioses" creados por los seres humanos. Dios es uno, pero se ha revelado en tres personas: Padre, Hijo y Espíritu Santo. Dios es un Dios de amor santo que anhela rescatar a los seres humanos del poder destructivo del pecado para traerlos a la comunión gozosa con Él.

Actividades

INSTRUCCIONES:

1. Elaborare una lista de algunos ídolos que tiene la gente hoy en día.
___
___
___

2. En grupos de tres personas escojan uno de los atributos de Dios y seleccionen una imagen o ilustración conocida en su contexto, que sea útil para enseñar en forma sencilla y visual su significado a la gente no cristiana.
___
___
___

3. En sus propias palabras escriba en cinco renglones una reflexión personal sobre "Nuestro Dios es un Dios de amor santo".
___
___
___
___
___

4. En grupos de tres a cuatro integrantes discutir y luego proponer una solución para el siguiente caso:

"Antonio de 18 años es un nuevo cristiano y está estudiando en la universidad. Varios de sus profesores le han dicho que Dios no existe, que es algo que las personas han inventado. El profesor de química, por ejemplo, insiste que tal cosa como Dios no puede existir, argumentando que no puede ser visto, que no puede comprobarse su existencia, y que además si existiera no habría hambre, pobreza, injusticia, odio, guerras, etc. en este mundo. Antonio está confundido, y ha empezado a dudar sobre la existencia de Dios."

¿Qué le diría a Antonio para ayudarle a afirmar su creencia en la existencia de Dios?
___
___
___
___
___
___

Lección 2

¿Qué es la Biblia?

Objetivos

- Conocer el origen de las Sagradas Escrituras.
- Explicar la inspiración de la Biblia.
- Valorar la Biblia para la vida del creyente.

Ideas Principales

- La Biblia es el libro mediante el cual Dios habla a sus hijos e hijas.
- El Espíritu Santo guió a los autores bíblicos para transmitir el mensaje de Dios a su pueblo.
- El estudio diario de la Palabra es lo que nutre la vida del cristiano.

Las Sagradas Escrituras
"Creemos en la inspiración plenaria de las Sagradas Escrituras, por las cuales entendemos los 66 libros del Antiguo y Nuevo Testamentos, dados por inspiración divina, revelando infaliblemente la voluntad de Dios respecto a nosotros en todo lo necesario para nuestra salvación, de manera que no se debe imponer como Artículo de Fe ninguna enseñanza que no esté en ellas."
(Lucas 24:44-47; Juan 10:35; 1 Corintios 15:3-4; 2 Timoteo 3:15-17; 1 Pedro 1:10-12; 2 Pedro 1:20-21). (Manual de la Iglesia del Nazareno 2017-2021, Artículo de Fe Nro. 4).

Introducción

La Biblia es una colección de 66 libros escritos por más de 40 autores entre los cuales se encuentran reyes, profetas, pastores de ovejas, artesanos, pescadores, soldados, poetas, médicos, ministros de gobierno y muchas otras personas, quienes fueron inspiradas y guiadas por el Espíritu de Dios.

Entre algunos de estos autores hay más de 1500 años de distancia. Sin embargo, la correspondencia y unidad entre ellos, quienes en su mayoría no llegaron a conocerse personalmente, es extraordinaria.

No hay otro libro semejante a la Biblia, el cual habiendo sido inspirado por Dios, es el único que puede satisfacer plenamente todas las necesidades humanas.

¿Cómo se escribió la Biblia?

En esta sección conoceremos la historia de los orígenes de la Biblia.

Desde los primeros tiempos Dios ordenó a su pueblo que transmitiera la Palabra por todos los medios posibles para que sus hijos y sus nietos pudieran conocer y vivir en la voluntad de Dios (Deuteronomio 6:6-9).

Los libros de la Biblia se escribieron por mandato de Dios. Moisés recopiló las historias de sus antepasados que actualmente se encuentran en el libro de Génesis y que habían sido transmitidas en forma oral o en tablas de arcilla. La arqueología ha confirmado que la escritura era usada más de 1,000 años antes de Abraham (Hebreos 9:19; Deuteronomio 27:2-8).

Los libros de la Biblia fueron escritos originalmente en varios idiomas:

— **En hebreo**, casi todos los 39 libros del Antiguo Testamento. Los israelitas aprendieron esta lengua de los pueblos semitas que vivían en Canaán desde los tiempos de Abraham.

—**En arameo**, algunas porciones de Daniel y de Esdras. El pueblo judío aprendió este idioma durante el cautiverio en Babilonia. El arameo se convirtió en el lenguaje de uso popular y era el que hablaba Jesús. Mateo escribió su evangelio en arameo, aunque luego se tradujo al griego.

—**En griego**, la mayoría de los libros del Nuevo Testamento. Para el tiempo de Jesús, todos los escritos del Antiguo Testamento se habían traducido al griego pues este era el lenguaje común que se usaba en los países del Imperio Romano.

Gracias a Dios la Biblia ha sido traducida y publicada en cientos de idiomas y nosotros tenemos acceso a ella en nuestra propia lengua.

*El verbo hebreo, que se traduce **escribir**, significa "hendir o hundir" y se refiere al método de escritura cuneiforme, que más adelante en la historia evolucionó en las letras del alfabeto. La ciencia ha identificado 600 signos diferentes en la escritura cuneiforme.*

La Palabra de Dios fue inspirada por el Espíritu Santo

Creemos que toda la Biblia es Palabra de Dios.

En 2 Pedro 1:19-21, el apóstol declara: *"Esto ha venido a confirmarnos la palabra de los profetas, a la cual ustedes hacen bien en prestar atención, como a una lámpara que brilla en un lugar oscuro, hasta que despunte el día y salga el lucero de la mañana en sus corazones. Ante todo, tengan muy presente que ninguna profecía de la Escritura surge de la interpretación particular de nadie. Porque la profecía no ha tenido su origen en la voluntad humana, sino que los profetas hablaron de parte de Dios, impulsados por el Espíritu Santo."*

Analizando estas palabras de Pedro se puede afirmar en primer lugar que no había dudas en su mente de que tenemos la Palabra más segura. La autenticidad de las Escrituras del Antiguo Testamento como Palabra de Dios podía comprobarse fácilmente puesto que todas sus profecías sobre el Mesías se cumplieron en la vida de Jesucristo.

Pedro afirma también que la Palabra de Dios no fue traída por voluntad humana, sino que su origen es divino. Él usa el verbo griego *fero*, que significa llevar o traer. El uso de este verbo indica que los autores *"fueron 'llevados', o 'impelidos', por el Espíritu Santo, no actuando en conformidad con sus propias voluntades, ni expresando sus propios pensamientos, sino siguiendo la mente de Dios en palabras dadas y ministradas por Él"* (Vine: 1999, p. 459).

En los tiempos desde Abraham a Moisés la escritura se hacía por medio de un punzón que dejaba "marcas" o "cuñas", sobre "tablas" de arcilla que luego se secaban y endurecían para su conservación. A este tipo de escritura se le conoce como cuneiforme.

En 2 Timoteo 3:16 también Pablo dice: *"Toda la Escritura es inspirada por Dios y útil para enseñar, para reprender, para corregir y para instruir en la justicia,..."* La palabra inspiración es la traducción del adjetivo griego *theopneustos* que significa literalmente "soplo de Dios". La gente del tiempo en que se escribió el Nuevo Testamento asociaba la idea del actuar del Espíritu Santo a la forma en que el viento se mueve, ya que en ambos casos no se les puede ver, pero si se puede sentir su presencia y ver sus efectos.

"Inspirado" significa entonces, que el Espíritu Santo se encontraba presente en forma especial y milagrosa con los autores bíblicos revelándoles verdades que no habían conocido antes, guiando sus pensamientos y dirigiéndoles a escoger las palabras apropiadas para expresar el mensaje que habían recibido de parte de Dios.

La Iglesia del Nazareno cree que toda la Biblia es la Palabra de Dios; que sus autores fueron "inspirados" por Dios, o sea, que fueron guiados por Dios mismo, a fin de proveer a los seres humanos el conocimiento necesario acerca del Creador para que puedan vivir en obediencia y comunión con Él. Cree también que Dios mismo nos ha provisto esta guía segura para vivir cada día en santidad siguiendo el ejemplo de Jesús.

En Mesopotamia (lugar de procedencia de Abraham) había escuelas para enseñar a leer y a escribir. En Sumeria y Acad, se encontraron 60.000 "tablillas de arcilla" que datan de los tiempos de Abraham (2100 a.C.).

¿Tiene vigencia la Palabra en los tiempos actuales?

Creemos que la autoridad de la Biblia es la misma para todas las épocas.

Debido a que los autores bíblicos comunicaron el mensaje que recibieron de Dios a la gente de su tiempo, algunos no creen que el mensaje bíblico sea pertinente para la época actual. Pero aunque los tiempos cambian, la voluntad de Dios para los seres humanos no cambia, porque Dios es el mismo ayer, hoy y por los siglos. Los seres humanos pueden cambiar, pero el camino de salvación que Dios ha revelado en la Biblia para los seres humanos nunca perderá su vigencia.

Para estudio de la inspiración de la Biblia
2 Pedro 1:21
Hebreos 3:7; 10:15-16
1 Corintios 2:13
2 Timoteo 3:16

Aunque la Palabra de Dios es una, no todos los cristianos aceptan su autoridad como única norma para su vida. Existen iglesias que otorgan la misma autoridad en materia de fe y conducta cristiana a otras fuentes:

- La experiencia individual y personal.

- La experiencia colectiva o recogida por generaciones de creyentes.

- Otras fuentes de autoridad, como opiniones de líderes eclesiásticos o fundadores de una iglesia en particular.

Por ejemplo, la Iglesia Católica Romana, considera la palabra de los Papas de igual autoridad que la Biblia. Es por ello que aceptan doctrinas y prácticas que no pueden fundamentarse en el texto bíblico, como ser: la adoración a santos difuntos, la ascensión de María, entre otras. Lo mismo ocurre con grupos como los Mormones o los Testigos de Jehová, quienes colocan las ideas o enseñanzas de sus fundadores en el mismo o mayor rango de autoridad que las Escrituras.

"Al estudiar la Biblia con detalle microscópico, brilla más claramente su origen divino, en tanto que vemos su perfección de forma como de contenido" (Torrey, R.A).

La Iglesia del Nazareno acepta como inspirados por Dios los 66 libros de la Biblia que también son aceptados por las demás iglesias protestantes. La Iglesia Católica Romana incorpora otros libros conocidos como "apócrifos", es decir no inspirados.

Jesús y las Escrituras	
La obedeció	Vino para cumplirla: Mateo 5:17-20
Se guió por su plan	Cumplió las profecías sobre su vida: Mateo 16:21-23
Se sujetó al plan de salvación del Padre	Cumplió su misión como el Salvador: Juan 8:39-42
Cumplió la ley ceremonial	Practicó todo lo que se esperaba de un buen judío: Marcos 14:16-18
Cumplió con la ley moral	Se constituyó en el ejemplo perfecto: Juan 11:1-44

*El verbo griego **fero** significa llevar, traer. El adjetivo griego theopneustos, es la conjunción de dos palabras: Theos, Dios y pneo, respirar. Se traducen en nuestras Biblias en español con palabras como inspirado, guiado o impulsado.*

¿Cuánto necesita el cristiano conocer de la Biblia?

La Biblia nutre la vida de los cristianos.

El cristiano necesita estudiar a fondo la Palabra de Dios. Cuando los cristianos descuidan la lectura de la Biblia se frena su desarrollo espiritual. El estudio de la Biblia debe ser parte de la vida diaria del cristiano en lugar de sólo leerla y estudiarla en los cultos de la iglesia.

El apóstol Pablo exhorta a Timoteo para que sea un estudiante dedicado de la Palabra de Dios (2 Timoteo 3:14-1) y esa exhortación también es para cada cristiano. Cada vez que busca a Dios y abre las páginas de su Biblia, el creyente se conecta con Dios. La lectura de la Biblia es alimento espiritual: *"No sólo de pan vivirá el hombre, sino de toda palabra que sale de la boca de Dios"* (Mateo 4:4).

Abrir la Biblia es semejante a abrir el programa de correo electrónico en nuestras computadoras donde Dios nos comunica su voluntad.

La Palabra de Dios es poderosa para enseñar y corregir. La Biblia nos guía para vivir más cerca de Dios y más lejos del pecado; hace ver cuando se está en el camino equivocado; nos convence de pecado y nos muestra que Jesucristo es el único camino hacia la salvación. La Biblia es extraordinariamente poderosa para llevar al conocimiento de Dios y transformar las vidas. Ella es como espada de dos filos que penetra en lo más profundo del corazón (2 Timoteo 3:16). La Palabra de Dios corrige y prepara para toda buena obra.

Pedro compara la Palabra con una lámpara que alumbra para guiarnos en la densa oscuridad (2 Pedro 1:19-21). Se cuenta de cierto capitán que en una noche oscura, guiaba su buque en alta mar. De pronto el vigía le avisó que delante de ellos veía una luz. El capitán supuso que era la luz de otro barco, por tanto ordenó al vigía que enviara un mensaje para que aquel

La Biblia es la carta de amor de Dios para nosotros con el objeto de mostrarnos cómo llegar a tener comunión íntima con Él a través de Jesucristo.

Lección 2 - ¿Qué es la bíblia?

Jesús dijo: "no solo de pan vivirá el hombre, sino de toda palabra que sale de la boca de Dios" (Mateo 4:4).

La Biblia contiene la mente de Dios, el estado del hombre, el camino de salvación, la condenación de los pecadores y la felicidad de los creyentes. Sus doctrinas son santas, sus mandamientos son buenos y sus historias son verdaderas. Es una fuente de sabiduría para el ser humano, tenemos que creerla para ser salvos, y practicarla para ser santos. Contiene la luz para guiarnos, alimento para sostenernos y consuelo para alentarnos.

barco se hiciera a un lado porque se encontraba en su línea de navegación. Por medio de señales le respondieron que no se moverían, y que eran ellos los que debían cambiar el rumbo de su barco. El capitán insistió que debían retirarse de su ruta, porque su barco llevaba insignias reales. La respuesta que recibió fue la siguiente: "No importa cuántas insignias tenga su capitán, serán ustedes los que deberán moverse, porque la luz que ven es la de un faro".

Así como ese faro, la Palabra de Dios permanece y nadie tiene el derecho de modificarla a su capricho. Ella no cambia. No negocia con el pecado, ni justifica la conducta pecaminosa. Es el ser humano el que debe ser transformado para poder vivir conforme a los mandatos del Señor.

Para el cristiano la Biblia es el libro más importante en el mundo ya que le comunica el plan de Dios para su vida y para el ministerio de la iglesia.

¿Cómo oír la voz de Dios a través de la Biblia?

En esta sección se incluye un método sencillo de estudio de la Biblia.

Muchos cristianos no saben como estudiar la Biblia, es por eso que incluimos en esta lección estos pasos sencillos:

1. Comenzar orando para que el Espíritu Santo hable por medio de la porción de la Palabra que se va a leer.

2. Leer el pasaje. Para los nuevos creyentes es recomendable comenzar con uno de los cuatro evangelios (Mateo, Marcos, Lucas o Juan) y leer unos pocos versículos cada día.

3. Mientras se lee responder estas preguntas:

- **¿Qué dice?** Para entender mejor el pasaje es recomendable leerlo en al menos dos versiones. Por ejemplo: Dios habla hoy; Traducción en Lenguaje Actual, Nueva Versión Internacional, Reina Valera 1995, entre otras.

- **¿Qué significa?** Trate de pensar qué significó este mensaje para la gente que lo escuchó por primera vez. Para responder esta pregunta es bueno, de ser posible, tener a mano un comentario bíblico y un diccionario bíblico.

- **¿Qué está diciendo Dios a mi vida?** Al responder esta pregunta pensar en círculos concéntricos. En el medio del círculo está su propia vida, luego su familia, sus amigos, su iglesia, su trabajo o estudio, sus vecinos más cercanos, su comunidad, su país y su mundo.

- **¿Cómo puedo comenzar a poner esto en práctica esta misma semana?** El cristiano crece a semejanza de Cristo, no sólo por oír la voz de Dios, sino cuando la pone en práctica en su vida.

El tiempo que dedicamos al estudio de la Biblia es nuestra mejor inversión.

"La Biblia no nos fue dada para ampliar nuestro conocimiento. Fue dada para cambiar nuestras vidas."
(D.L. Moody)

Hoy en día existen muchos recursos para comprender el mensaje que Dios dejó para sus hijos e hijas en la Biblia. Cada cristiano puede paulatinamente ir adquiriendo al menos dos versiones de la Biblia, una de ellas en un lenguaje sencillo; un buen comentario bíblico (de preferencia de publicadoras Nazarenas o Wesleyanas), un diccionario bíblico y un diccionario de la lengua española. En la internet también hay recursos valiosos de este tipo.

¿Qué Aprendimos?

Toda la Biblia es la Palabra de Dios, escrita por autores inspirados por Él. Por medio de la Biblia Dios mismo habla a sus hijos e hijas, les muestra el camino de salvación, les enseña a vivir en santidad a semejanza de su Hijo Jesucristo y les llama a servir a otros.

Lección 2 - ¿Qué es la bíblia?

Actividades

INSTRUCCIONES:

1. Explique con palabras sencillas, como para un niño, cómo la Biblia ha sido inspirada por Dios.

2. Si alguien pregunta: ¿Cómo podemos estar seguros de que la Biblia es realmente la Palabra de Dios? ¿Cuál sería su respuesta?

3. Además del estudio individual o familiar, mencione ¿De qué otras formas se aprende de la Palabra en los ministerios de la iglesia?

4. Lea el Salmo 1: 1-3 y escriba un comentario aplicando a su vida las palabras del salmista: "... en la ley del Señor se deleita, y día y noche medita en ella".

5. En grupos de tres a cuatro personas compartan experiencias propias de cómo el Espíritu Santo les ha hablado o guiado en algún momento específico de sus vidas por medio de la Palabra.

Lección 3

¿Quién es Jesús?

Objetivos
- Comprender la doble naturaleza divina y humana de Jesús.
- Conocer su función como Salvador, Señor y Sanador.

Ideas Principales
- La segunda persona de la Trinidad se encarnó y tomó forma humana en Jesucristo.
- En Jesucristo coexistían enteras y perfectas las naturalezas divina y humana.
- Jesucristo es el único Salvador y Señor con el poder para perdonar y sanar.

Introducción

La fe en Jesucristo es la creencia distintiva del cristianismo, pero no todos aceptan al Cristo revelado en la Biblia. Por ejemplo: los Testigos de Jehová, no creen en la divinidad de Cristo; los Mormones niegan que Jesucristo fuera concebido por el Espíritu Santo. Estos son ejemplos de ideas equivocadas sobre Jesucristo que circulan en nuestras comunidades.

Unigénito: hijo único.

Los nazarenos confiesan que Jesús es el Hijo de Dios que vino para rescatar al mundo del poder del pecado y así restaurar a los seres humanos a la comunión con Dios. Su misión no fue sólo mitigar los males y sufrimientos de las personas, sino que vino para poner un remedio definitivo a la raíz de la maldad que habita en el corazón humano.

En su artículo de fe número 2, la Iglesia del Nazareno declara:

"Creemos en Jesucristo, la Segunda Persona de la Divina Trinidad; que Él eternamente es uno con el Padre; que se encarnó por obra del Espíritu Santo y que nació de la virgen María, de manera que dos naturalezas enteras y perfectas, es decir, la Deidad y la humanidad, fueron unidas en una Persona, verdadero Dios y verdadero hombre, el Dios-hombre.

"Cristos" es el nombre griego para Mesías en hebreo y se refiere a la naturaleza divina del Hijo eterno de Dios. Jesús, que significa Salvador, es el nombre que señala su naturaleza humana, encarnada. Por eso es correcto referirse al Hijo de Dios como Jesucristo, nombre que indica su doble naturaleza divina y humana.

Creemos que Jesucristo murió por nuestros pecados, y que verdaderamente se levantó de entre los muertos y tomó otra vez su cuerpo, junto con todo lo perteneciente a la perfección de la naturaleza humana, con lo cual Él ascendió al cielo y está allí intercediendo por nosotros. (Mateo 1:20-25; 16:15-16; Lucas 1:26-35; Juan 1:1-18; Hechos 2:22-36; Romanos 8:3, 32-34; Gálatas 4:4-5; Filipenses 2:5-11; Colosenses 1:12-22; 1 Timoteo 6:14-16; Hebreos 1:1-5; 7:22-28; 9:24-28; 1 Juan 1:1-3; 4:2-3, 15)." (Manual Iglesia del Nazareno 2017-2021).

Jesucristo es Dios

En esta sección se estudia la naturaleza divina de Jesús.

La Biblia declara que Jesucristo es el Verbo, la Palabra eterna de Dios: *"en el principio ya existía el Verbo, y el Verbo estaba con Dios, y el Verbo era Dios"* (Juan 1:1). Cristo existió eternamente junto al Padre y el Espíritu, es decir que antes de que el Hijo de Dios naciera como Jesús, ya existía como Dios, y aún cuando existía como hombre nunca dejó de ser Dios (Juan 8:58).

Jesús enseñó que es uno con el Padre (Juan 17:21) y aceptó ser llamado "Hijo de Dios" (Mateo 14:33; Juan 9:38; Hebreos 2:9). El Apóstol Pablo enfatiza la deidad de Cristo, refutando la enseñanza de los filósofos griegos de su tiempo que afirmaba que la materia (el cuerpo) era mala y que el espíritu era bueno y que por ello no era posible que Dios pudiera habitar en un cuerpo humano (Colosenses 1:15-22; 2:2,3,9). Jesús no sólo fue plenamente Dios, sino también plenamente humano.

Pecado original: condición heredada que radica en el corazón humano y que le impulsa a vivir de manera egoísta, satisfaciendo sus propios deseos y caprichos. Todo cristiano necesita ser purificado de esta condición por medio de la Llenura del Espíritu Santo (Efesios 2:3).

La humanidad de Jesucristo

La salvación se debe a que Cristo Jesús se humilló hasta el límite.

Jesús nació de una mujer virgen, cuyo óvulo fue fecundado por el Espíritu Santo (Mateo 1:25). El nacimiento de Jesús es un hecho único en la historia, que jamás volverá a repetirse, es el milagro de la encarnación.

El apóstol Pablo escribe en Filipenses 2:5-8 *"La actitud de ustedes debe ser como la de Cristo Jesús, quien, siendo por naturaleza Dios, no consideró el ser igual a Dios como algo a qué aferrarse. Por el contrario, se rebajó voluntariamente, tomando la naturaleza de siervo y haciéndose semejante a los seres humanos. Y al manifestarse como hombre, se humilló a sí mismo y se hizo obediente hasta la muerte, ¡y muerte de cruz!"*

Jesucristo no recurrió a sus privilegios divinos, sino que se "despojó" es decir se "vació" de ellos para cumplir con la misión encomendada por su Padre. El divino Creador escogió compartir la naturaleza inferior de sus criaturas, es decir, renunció a sus privilegios divinos, para hacerse uno de nosotros.

Este "despojamiento" de Jesucristo, no significa que Él renunció a su origen e identidad divinos, sino que tomó el camino del servicio obediente al Padre, sabiendo que esa obediencia lo llevaría finalmente a la cruz del Calvario. Por tanto, cuando Jesucristo "se rebajó voluntariamente", se identificó con el dolor, los sentimientos y los sufrimientos que forman parte de la existencia humana.

Cuando las Escrituras dicen "fue hecho carne" significa que Él "adoptó" la naturaleza humana. Es decir, el Hijo de Dios infinito y eterno, se hizo finito, el Invisible se hizo visible y palpable, el Eterno se limitó al tiempo, y el sobrenatural se redujo a sí mismo a lo natural. La Biblia enseña que los falsos maestros y las falsas religiones son aquellas que niegan la encarnación de Jesucristo (Juan 1:14; 6:51,55).

Lección 3 - ¿Quién es Jesucristo?

Expiación: es el acto de saldar la deuda de otra persona. Esto es lo que Jesús hizo al morir en la cruz: el sufrió el castigo que nuestro pecado merecía según la justicia de Dios. Al saldar nuestra deuda nos hizo libres del poder del pecado y de la muerte. Es sólo por medio de su entrega voluntaria que podemos ser llamados hijos e hijas de Dios y recibir el regalo de la vida eterna (2 Corintios 5:19; Hebreos 2:17).

Redimir, etimológicamente, significa volver a comprar algo que se había perdido.

"De hecho, en ningún otro hay salvación, porque no hay bajo el cielo otro nombre dado a los hombres mediante el cual podamos ser salvos" (Hechos 4:12).

También se debe recordar que Jesucristo no vino a un hogar acomodado en el que había riquezas y poder, sino que nació dentro de una familia humilde (Lucas 2). De esta manera se identificó con la mayoría de la humanidad y conoció el dolor y las privaciones de los más pobres. En los evangelios se afirma que Jesús experimentó toda clase de necesidades: tuvo hambre, sed, cansancio, también se dice que durmió, lloró, sufrió dolor, rechazo, debilidad y la muerte física (Mateo 4:2; Juan 4:6; 12:27; Isaías 53:3-5; 1 Pedro 3:18).

Gracias a la obediencia de Jesucristo fue posible la salvación. Jesucristo es el máximo ejemplo de humildad, obediencia y renuncia de sí mismo.

Jesucristo compartió verdadera y completamente la naturaleza humana con excepción del pecado (2 Corintios 5:21), no hubo en Él pecado original y en su vida no cometió pecado (1 Pedro 2:22).

Jesucristo es nuestro Salvador

Jesucristo es el único camino al Padre.

La Biblia dice que *"Dios estaba en Cristo, reconciliando al mundo consigo."* (1 Juan 4:2,3). El nombre "Jesucristo" expresa la naturaleza única de su misión. Resulta de la unión de dos palabras: Jesús y Cristo. Cristo es el término griego para Mesías, mientras que la palabra hebrea Jesús significa Salvador. Jesús es el Cordero perfecto (sin defecto) enviado por Dios para ser sacrificado (expiación) y así salvar a la humanidad del castigo que merece su pecado a los ojos de Dios: la muerte y la separación eterna del Creador.

En Juan 3:16-21 se encuentra una declaración resumida del propósito de Dios al enviar a su único Hijo al mundo:

1. El carácter de Dios: *"De tal manera amó Dios..."* (3:16), enseña que el origen y la iniciativa de la salvación surgieron en el amor de Dios por los seres humanos. Es un amor lleno de comprensión, ternura y misericordia.

2. El objeto del amor de Dios: *"... amó Dios al mundo..."*, muestra el alcance del amor de Dios. Dios amó al mundo y no hay persona que esté excluida (Isaías 45:22). Nosotros somos el objeto del amor de Dios. ¡Gracias al Señor!

3. El regalo del amor de Dios: *"... ha dado a su Hijo unigénito..."* El Padre dio a su propio Hijo, al único, a quien amaba mucho, para recuperar a sus hijos perdidos y que éstos tengan vida eterna.

4. El propósito del amor de Dios: *"... para que todo aquel que en él cree, no se pierda, mas tenga vida eterna."* Hay dos aspectos importantes del amor de Dios aquí. Primero, el Señor no quiere que nadie se pierda. Esto demuestra que Él no ha abandonado a la humanidad. Segundo, la gran muestra o manifestación del amor de Dios es por medio de Jesucristo, de tal manera que todo aquel que en Él cree, o le acepta como su Salvador, tiene vida eterna.

La Biblia declara que Jesucristo es el único camino de salvación provisto por Dios para los seres humanos. Entonces ¿qué significa creer en Jesús?:

- Es aceptar el amor de Dios.

- Es creer que Dios envió a Jesucristo para salvarnos por medio de su muerte y resurrección.

- Es aceptar a Jesús como Salvador y Señor.

- Es seguir a Jesús como sus discípulos y discípulas.

- Es someter nuestra voluntad en obediencia a Cristo completamente, y sin excusas.

Para estudio de Jesucristo y su obra redentora
Juan 3:16-21,
Filipenses 2:5-11,
Lucas 4:16-30, 9:1-6,
Mateo 20:29-34,
Hechos 9:32-35.

Cuando la Biblia habla de creer, no se refiere sólo a conocimiento intelectual, sino a un estilo de vida. No se trata de la misma forma en que creemos que existió uno de los héroes de la historia de nuestro país. Tampoco se trata de creer solo en algunas ocasiones cuando necesitamos que Jesús nos haga un milagro. Se trata de poner toda la confianza en Jesucristo y entregar nuestra vida presente y futura en sus manos. Esta forma de creer se nota en la forma en que se vive cada día siguiendo a Jesús.

La Palabra enseña que los que rechazan al Hijo de Dios y no creen en Él, se condenan por su propia decisión. Todas las personas tienen la libertad de aceptar la invitación del Señor y Salvador o rechazarla (Juan 3:17-21). La decisión es individual.

Jesucristo Señor de señores

Dios exaltó a Jesucristo como máxima autoridad en el universo.

El apóstol Pablo habla también en Filipenses 2 de la exaltación de Cristo: *"Por eso Dios lo exaltó hasta lo sumo y le otorgó el nombre que está sobre todo nombre, para que ante el nombre de Jesús se doble toda rodilla en el cielo y en la tierra y debajo de la tierra, y toda lengua confiese que Jesucristo es el Señor, para gloria de Dios Padre"* (Filipenses 2:9-11).

Exaltar significa elevar a una persona o cosa a una mayor dignidad o categoría. Luego de permanecer tres días en el sepulcro, Jesús se presentó ante sus discípulos resucitado y estuvo con ellos por cuarenta días. Después de esto ascendió a su Padre y así concluyó su ministerio sobre la tierra. Al resucitar a Jesús de los muertos, el Padre le exaltó hasta lo sumo, pero ¿en qué consiste esta exaltación?

Pablo dice que Dios le dio un nombre que es sobre todo nombre. Esto es difícil de comprender, ¿qué importancia puede tener cambiar su nombre? En

Y al manifestarse como hombre, se humilló a sí mismo y se hizo obediente hasta la muerte, ¡y muerte de cruz! Por eso Dios lo exaltó hasta lo sumo y le otorgó el nombre que está sobre todo nombre, para que ante el nombre de Jesús se doble toda rodilla en el cielo y en la tierra y debajo de la tierra, y toda lengua confiese que Jesucristo es el Señor, para gloria de Dios Padre (Filipenses 2:8-11).

Lección 3 - ¿Quién es Jesucristo?

nuestro contexto social para poner un nombre a nuestros hijos, simplemente consultamos una lista, pedimos sugerencias o les damos el nombre de uno de nuestros seres queridos. Pero en las culturas del oriente, dar el nombre a uno de los hijos o hijas era de suma importancia, porque con el nombre estaban expresando el carácter de esa persona. Los versículos 10 y 11 comunican esta idea acerca del Señor Jesús, su nombre está por encima de todo nombre. ¡No hay mayor autoridad que la de Jesucristo en el universo!

Este nuevo nombre describe su verdadera naturaleza divina y lo coloca sobre toda la creación, incluyendo seres espirituales, seres humanos y el resto de las criaturas. Este nombre es el equivalente al que recibe Dios en el Antiguo Testamento como Rey soberano (Isaías 45:21-23; Hechos 2:34,36). La Palabra dice que todo fue creado por medio de Él y para Él, y en Él todas las cosas subsisten, es Señor de muertos y de vivos (Romanos 14:6-9; Colosenses 1:16,17). Jesucristo es poseedor y está en control de todo lo que existe. La voluntad de Dios es que cada persona reconozca a Jesucristo como su Señor y su dueño.

> *"Creemos en la doctrina bíblica de la sanidad divina e instamos a nuestra feligresía a buscar oportunidad para hacer oración de fe para la sanidad de los enfermos. Creemos también que Dios sana a través de las agencias de la ciencia médica".*
> *(2 Reyes 5:1-19; Salmos 103:1-5; Mateo 4:23-24; 9:18-35; Juan 4:46-54; Hechos 5:12-16; 9:32-42; 14:8-15; 1 Corintios 12:4-11; 2 Corintios 12:7- 10; Santiago 5:13-16)* (Manual de la Iglesia del Nazareno Artículo de Fe Nro.14).

Jesucristo sanador

Jesucristo llevó nuestras enfermedades a la cruz.

La enfermedad y la muerte nunca fueron parte del plan original del Creador para su creación, pero vinieron como consecuencia del pecado de la humanidad. El sacrificio de Jesucristo en la cruz del Calvario, no solo proporciona perdón sino también sanidad (Isaías 53:4-5). La enfermedad, el dolor y la muerte, ya no estarán presentes en la vida eterna (Apocalipsis 22:2).

Jesús tuvo compasión por los enfermos. Él vio la enfermedad como una oportunidad para mostrar la gloria y la compasión de Dios y a la vez que despertar en ellos el interés por escuchar las buenas nuevas de salvación (Mateo 4:23). En esto dio ejemplo a la Iglesia.

En Lucas 9: 1-6 y Hechos 9:32-35 se evidencia el ministerio de los discípulos continuando la obra de Jesucristo. Ellos predicaban el mensaje del Reino de los Cielos, pero también atendían las necesidades físicas y emocionales de las personas. Donde quiera que servían, la presencia de Jesucristo, su amor, su misericordia y poder estaba con ellos.

Todos los cristianos tenemos autoridad espiritual para orar por los enfermos con fe y compasión. Dios también puede sanar a través de los tratamientos de la ciencia. Cuando una persona enferma, además de orar, debe recurrir lo antes posible a la consulta médica, orando para que Dios guíe el desempeño de los médicos.

> *"Ciertamente él cargó con nuestras enfermedades y soportó nuestros dolores,*
> *pero nosotros lo consideramos herido, golpeado por Dios, y humillado.*
> *Él fue traspasado por nuestras rebeliones, y molido por nuestras iniquidades;*
> *sobre él recayó el castigo, precio de nuestra paz, y gracias a sus heridas fuimos sanados".*
> *(Isaías 53:4-5).*

Cuando una persona es sanada hay que animarla a dar testimonio a su familia, sus conocidos y en la iglesia, ya que muchas personas llegan a creer en Jesús por un testimonio de sanidad (Santiago 5:13-15).

También se debe enseñar a las personas a aceptar la voluntad de Dios, cualquiera que sea, pues Dios no sana a todos. En ocasiones Dios permite la enfermedad y la debilidad física. En ocasiones Él revela a sus siervos la razón por la cual permite esto, pero de no ser así, podemos tener confianza en que de todas formas hay un propósito santo para lo que Dios permite en nuestra vida. En estos casos el creyente cuenta con la ayuda especial que Dios ha prometido a sus hijos e hijas para sobre llevar esta prueba (Romanos 8:28; 2 Corintios 12:7-10).

La Iglesia del Nazareno cree que Dios es la fuente de sanidad física y que no es su voluntad que las personas sufran a causa de las enfermedades. Como Nazarenos creemos en la doctrina bíblica de la sanidad divina y animamos a nuestros miembros a buscar oportunidad para hacer oración de fe por los enfermos. Creemos también que Dios usa a los profesionales de la ciencia médica para traer alivio al que sufre.

La Iglesia debe buscar oportunidades para ministrar sanidad a los enfermos, los afligidos y los oprimidos. También tenemos responsabilidad de ayudar a prevenir enfermedades que pueden evitarse, enseñando a las personas a vivir en salud integral cuidando de su espíritu, su mente, sus emociones y su cuerpo.

Sanidad divina: *curación física que se efectúa milagrosamente en forma instantánea o progresiva y que procede de la mano de Dios. Esta curación ocurre en respuesta a la oración de fe de los creyentes y cuando la voluntad de Dios así lo dispone (Juan 4: 46-53).*

Don de sanidad: *habilidad sobrenatural dada por el Espíritu Santo a algunos cristianos con el propósito de glorificar a Dios.*

¿QUÉ APRENDIMOS?

Jesucristo es el hijo de Dios encarnado, enviado por Dios para darnos salvación, vida eterna, restaurarnos a la comunión con Él y adoptarnos en su familia (la Iglesia). Por medio de su sacrificio podemos ser limpios de todo pecado y ser sanados.

Actividades

INSTRUCCIONES:

1. En sus propias palabras describa ¿quién es Jesús?
___
___
___
___

2. ¿Porqué es tan importante creer en la divinidad de Jesucristo?
___
___
___
___
___
___

3. ¿Qué significa para el cristiano aceptar a Jesucristo como su Salvador y Señor?
___
___
___
___

4. Algunas personas opinan que Dios es responsable del dolor y el sufrimiento de los seres humanos. ¿Qué respuesta les daría?
___
___
___

5. En grupos de tres o cuatro integrantes, identifiquen las enfermedades más comunes de la gente en su comunidad y piensen en algunas maneras en que su iglesia podría ayudar a prevenir o aliviar estas dolencias.
___
___
___

Lección 4

¿Quién es el Espíritu Santo?

Objetivos

- Conocer quién es el Espíritu Santo.
- Valorar su obra produciendo nuestro crecimiento espiritual.
- Comprender que la Iglesia necesita la guía del Espíritu en su misión.

Ideas Principales

- El Espíritu Santo es la tercera persona de la santa Trinidad.
- Jesucristo envió al Espíritu para darnos una Nueva Vida y enseñarnos a vivir en santidad.
- El Espíritu Santo guía el ministerio y la misión de la Iglesia en el mundo.

Introducción

El conocer quién es y cuál es el ministerio de la tercera persona de la Trinidad, el Espíritu Santo, es vital para el crecimiento y madurez cristiana. En esta lección se estudiará cuál es el ministerio del Espíritu Santo en medio nuestro.

El Espíritu Santo es una persona real que vino a vivir dentro de los verdaderos seguidores de Jesucristo después de que Jesús resucitara de la muerte y ascendiera a los cielos (Juan 14:16-18). Él es Dios, de igual forma que Dios el Padre y Dios el Hijo y tiene todas las cualidades divinas.

¿Cuál fué el trabajo del Espíritu Santo en la Creación según Génesis 1?

Su función principal es dar testimonio a los seres humanos acerca de la verdad revelada en la vida y enseñanzas de Jesús (Juan 15:26; 16:14). El Espíritu Santo además actúa como maestro de los cristianos ya que les revela la voluntad y la verdad de Dios (1 Corintios 2: 9-14). Él es la presencia viva y activa de Dios obrando en el mundo, pero su ministerio es de manera muy especial actuando en la Iglesia.

La venida y la obra del Espíritu Santo

En esta sección se estudiará para qué vino el Espíritu Santo.

"Creemos en el Espíritu Santo, la Tercera Persona de la Divina Trinidad, que Él está siempre presente y eficazmente activo en la Iglesia de Cristo y juntamente con ella, convenciendo al mundo de pecado, regenerando a los que se arrepienten y creen, santificando a los creyentes y guiando a toda verdad la cual está en Jesucristo". (Manual de la Iglesia del Nazareno Artículo de fe Nro. 3).

El Señor Jesús instruyó a sus discípulos sobre cuál sería el ministerio del Espíritu Santo en el mundo, lo que quedó registrado en el evangelio de Juan capítulo 16. Este pasaje nos enseña lo siguiente:

1. La ausencia física del Señor Jesucristo era necesaria. Los discípulos estaban tristes. Lo único que sabían era que su maestro se iría lejos de ellos. Sin embargo, Jesús les dice que eso era lo mejor que les podía pasar, porque entonces vendría el Espíritu Santo.

Esto significa que la obra del Espíritu Santo sería más amplia que la de Jesús. Como ser humano Jesús estaba limitado, no podía estar por ejemplo, con sus seguidores en Galilea y en Judea al mismo tiempo. Pero el Espíritu Santo no estaría sujeto a esas limitaciones, sino que estaría presente con los discípulos de Jesús en cualquier parte y en cualquier momento.

2. La venida del Espíritu Santo sería el cumplimiento de la promesa de Jesucristo. Antes de ascender a su Padre, Jesucristo les dejó a sus discípulos una Gran Comisión, pero además les dijo: "...*Y les aseguro que estaré con ustedes siempre, hasta el fin del mundo*" (Mateo 28:20). Esta promesa sería realidad solo por medio del Espíritu Santo. Además, tal presencia fortalecería la fe de los discípulos y les daría poder y autoridad para hacer discípulos de Cristo en todas las naciones.

3. El Espíritu Santo, convencerá al mundo de pecado, justicia y juicio. De pecado, porque la obra del Espíritu Santo es traer convicción a los seres humanos de su pecado y llevarlos hacia Cristo. De justicia, porque el Espíritu Santo, hace comprender al ser humano de que solo puede alcanzar el perdón de Dios por medio de Jesucristo. De juicio, puesto que el Espíritu Santo nos ayuda a escapar del castigo que nuestros pecados merecen si enfrentamos el juicio de Dios, al mostrarnos el camino de salvación y perdón que hay en Jesucristo y así reconciliarnos con Dios.

Para estudio del Espíritu Santo:
Joel 2:28-32
Juan 14:15-26; 16:7-13
Hechos 15:8-9
2 Tesalonicenses 2:13
1 Pedro 1:12

En conclusión, sin el ministerio del Espíritu Santo, la humanidad por sí misma, nunca podría encontrar el perdón de Dios y alcanzar la reconciliación con Dios por medio de Jesucristo, es decir estaría irremediablemente condenada a vivir en la esclavitud de su pecado y lejos del amor de su Creador.

El Espíritu Santo, nuestro ayudador

¿El Espíritu Santo nos asiste, nos socorre, es nuestro auxilio.

En el mismo libro de Juan 14:15-26 Jesús enseñó sobre ciertas funciones especiales del ministerio del Espíritu Santo para la vida del creyente.

La siguiente es una adaptación contemporánea del pasaje de Juan 14:15-17 a modo de "carta de Jesucristo a uno de sus discípulos". En ella se explica con claridad el ministerio del Espíritu Santo como nuestro ayudador, consolador y consejero:

"Estimado discípulo:

Ya sabes que me voy. Cuando te dije que debía retornar a mi Padre, vi tu rostro y me di cuenta que tu corazón estaba triste. Pero, escúchame. Lo hago por tu propio bien. Me gustaría estar más tiempo contigo, pero si no me voy, no recibirás la ayuda que necesitarás de aquí en adelante.

Sé que tú me amas. Por tanto, guardarás en tu corazón todo lo que te enseñé. Pero no te olvides de algo muy importante, así como yo fui obediente al Padre, tú también debes serlo. El Espíritu Santo a quien enviaré, es la Persona que te ayudará para que seas obediente a Dios y, al mismo tiempo, te hará recordar todo lo que te enseñé. Cuando el Espíritu Santo venga sobre ti, te dará poder y autoridad para que cumplas con el ministerio que te encomendé.

Lección 4 - ¿Quién es el Espíritu Santo?

Otra de las razones para retornar a mi Padre, es la de preparar el lugar donde vivirás eternamente. Es el mismo lugar donde yo vivo. Pero para disfrutar de ese lugar, tienes que ser obediente al Padre en todo. Cuando llegue ese momento iré personalmente a tu encuentro.

No deseo que haya tristeza en ti, porque estaré rogando al Padre para que envíe al Espíritu Santo para que esté contigo y con todos los que me aman. Lo siento por aquellos que me ignoran o rechazan, porque no tendrán las promesas que tú disfrutarás, ni recibirán al Espíritu Santo. Recuerda las enseñanzas que te di, confía en mí, no te defraudaré.

Respecto al Espíritu Santo a quien enviaré, ya sabe de ti, de tu amor al Padre, de tus luchas y tus anhelos. El te ayudará, especialmente para que seas obediente en todo. ¡Ánimo!

"Tu Maestro y Amigo, Jesucristo"

"Si ustedes me aman, obedecerán mis mandamientos. Y yo le pediré al Padre, y él les dará otro Consolador para que los acompañe siempre: el Espíritu de verdad, a quien el mundo no puede aceptar porque no lo ve ni lo conoce. Pero ustedes sí lo conocen, porque vive con ustedes y estará en ustedes" (Juan 14:15-17).

El Espíritu Santo, el ayudador, siempre estará al lado del cristiano para que cumpla con las enseñanzas de Jesucristo, y sea fiel y obediente a Dios Padre.

El Espíritu Santo, nuestro Maestro

Como maestro el Espíritu enseña a vivir en santidad como Cristo.

En San Juan 14: 18-24 Jesucristo dijo que no nos dejaría huérfanos sino que estaría presente con sus discípulos por medio del Espíritu Santo. Más adelante en San Juan 14:25-26 describe el ministerio del Espíritu Santo como Maestro.

*Como **Consolador** el Espíritu Santo nos reconforta, nos da ánimo, nos fortalece.*

Cuando el Espíritu Santo vive en el corazón de un discípulo o una discípula de Cristo puede guiar desde allí el curso de su vida. Su ministerio es enseñarle a ordenar toda su vida para que esté en armonía con la voluntad de Dios; le revela las verdades profundas de la Palabra de Dios y le ayuda a ponerlas en práctica en su diario vivir.

"El Espíritu Santo nos guía a toda verdad y hacia Jesús" (Leonard Gay).

El Espíritu Santo también ilumina su mente y le recuerda las enseñanzas de Jesús que ha estudiado en Su Palabra. Le ayuda a vivir en santidad, guiándole a tomar las decisiones cada día, basadas en los principios y mandamientos de la Biblia.

El Espíritu Santo nos da vida

El Espíritu Santo sostiene la vida de todo ser vivo en este mundo.

El Espíritu Santo tiene una tarea especial para con toda la creación que es el dar vida a todas las criaturas que existen en el planeta. En el libro de

Salmos capítulo 104: 30 se declara: *"Pero si envías tu Espíritu, son creados, y así renuevas la faz de la tierra"*. En el libro de Job capítulo 34:14-15 dice: *"Si pensara en retirarnos su Espíritu, en quitarnos su hálito de vida, todo el género humano perecería, ¡la humanidad entera volvería a ser polvo!"*. Sin la presencia del Espíritu Santo no existiría ninguna clase de vida en este planeta.

"Pondré dentro de vosotros mi espíritu y haré que andéis en mis estatutos, y que cumpláis cuidadosamente mis ordenanzas" (Ezequiel 36:27) La Biblia de las Américas.

También el Espíritu Santo es quien da nueva vida al creyente en la regeneración (Juan 3:5). Cuando alguien acepta a Jesús como su Salvador personal, es por medio del Espíritu Santo que esta persona nace de nuevo como una nueva criatura en Cristo. Antes estaba muerta espiritualmente, su espíritu humano estaba separado de Dios y no tenía vida eterna. El Espíritu Santo es quien "regenera", es decir, da vida a nuestro espíritu, una vida que viene de Dios y nos identifica como miembros de la familia de Dios, su Iglesia (Romanos 8:2).

El Espíritu Santo nos da el poder para servir

¿Qué clase de poder provee al creyente el Espíritu Santo?

Es el Espíritu Santo, quien equipa a los creyentes para servir a otros (Hechos 2: 1-13). Una de las maneras en que nos ayuda, es proveyendo dones espirituales, que son "capacidades especiales" o herramientas para los ministerios de la iglesia. El Espíritu dio facultades a los 120 discípulos reunidos el día de Pentecostés para que realizaran sus ministerios (Hechos 1:8). Ellos necesitaron del Espíritu Santo para llevar el mensaje de salvación con valor y gran poder (Hechos 4:8, 31; 6:10).

El apóstol Pablo escribió a la iglesia en Corinto: *"Ahora bien, hay diversos dones, pero un mismo Espíritu. Hay diversas maneras de servir, pero un mismo Señor. Hay diversas funciones, pero es un mismo Dios el que hace todas las cosas en todos. A cada uno se le da una manifestación especial del Espíritu para el bien de los demás. A unos Dios les da por el Espíritu palabra de sabiduría; a otros, por el mismo Espíritu, palabra de conocimiento; a otros, fe por medio del mismo Espíritu; a otros, y por ese mismo Espíritu, dones para sanar enfermos; a otros, poderes milagrosos; a otros, profecía; a otros, el discernir espíritus; a otros, el hablar en diversas lenguas; y a otros, el interpretar lenguas. Todo esto lo hace un mismo y único Espíritu, quien reparte a cada uno según él lo determina"* (1 Corintios 12: 4-11).

Regeneración es la traducción del término griego "palingenesía" que significa nuevo nacimiento o nacer de nuevo y se refiere a la transformación interna que efectúa el Espíritu Santo en el nuevo creyente (Tito 3:5). Otros términos similares en significado se emplean en Efesios 2:1,5; Santiago 1:18 y 1 Pedro 1:23.

Estas capacidades mencionadas por Pablo, son algunas de las que el Espíritu había repartido entre los cristianos de la iglesia en Corinto. En cada época y en cada contexto en particular el Espíritu reparte a la iglesia los dones que ella necesita para servir a la gente en su comunidad. Los dones nunca son para vanagloria personal, o para que unos creyentes sean más importantes que otros, sino para ayudar a la iglesia en el cumplimiento de su misión. Los dones ayudan a servir en los diferentes ministerios y funciones de la iglesia, con el fin de que cada uno de sus miembros pueda

"El agente que efectúa la regeneración es el Espíritu divino. El entra calladamente en el corazón penitente que ha creído y que ha sido justificado. El Espíritu transforma esa vida internamente en conformidad con la nueva relación como hijo, heredero de Dios y coheredero con Cristo (Romanos 8:16-17)" (Taylor: 1995, p. 581).

crecer conforme al modelo de Cristo y servir a otros conforme a su llamado particular.

El Señor tiene un ministerio especial para cada uno de sus seguidores, para lo cual les ha dado dones del Espíritu y capacidades especiales. Dios desea que todos estos recursos se usen responsablemente y con humildad para servir a otros.

El ministerio del Espíritu Santo en la Iglesia

¿Cómo guía el Espíritu Santo el ministerio de la Iglesia?

Jesucristo anticipó a sus discípulos cual sería la obra del Espíritu en el mundo, en sus vidas y en la Iglesia. En Juan 16:12-15 Jesús les enseñó que el Espíritu Santo estaría con ellos todos los días y les dirigiría en sus ministerios.

Las Escrituras confirman que esta promesa fue cumplida. Podemos leer en el libro de los Hechos sobre el ministerio del Espíritu Santo guiando a los apóstoles en la iglesia primitiva. Sin la presencia del Espíritu Santo, la iglesia no tendría el poder y autoridad para cumplir con el ministerio de predicar el evangelio en todas las naciones. No hay ningún área en la vida de la Iglesia que no necesite de la presencia, ayuda y dirección del Espíritu Santo (Efesios 3:14-21).

"El cuerpo de ustedes es como un templo, y en ese templo vive el Espíritu Santo que Dios les ha dado. Ustedes no son sus propios dueños" (1 Corintios 6:19). (Traducción en Lenguaje Actual).

Más enseñanzas respecto al Espíritu Santo en Juan 14:16-17	
Viene del Padre	Dios se ha manifestado por medio del Espíritu Santo. Jesucristo declara que nos ha enviado nada menos que el poder de Dios.
Es una persona	No es una "influencia", una "fuerza" o una "energía". Es una persona divina. Le debemos respeto y adoración. Es una persona santa que ha venido a morar en nuestras vidas.
Su permanencia en medio nuestro continuará hasta que Cristo venga por segunda vez	El Espíritu Santo vino para quedarse con nosotros hasta el final de los tiempos.
Es el Espíritu de verdad	Se le llama "el Espíritu de verdad" porque Él es el que inspiró las Escrituras y quién guía al creyente a entender su mensaje (2 Pedro 1:21).
No está en todas las personas	El Espíritu de Dios sólo puede morar en quien ha recibido nueva vida en Cristo.
Mora con y en nosotros	Esta distinción es importante. Él no sólo está con nosotros ayudándonos cada día, también está en nosotros como Señor de nuestra vida. De esa manera nuestro cuerpo llega a ser, por gracia divina, el templo del Espíritu de Dios.

El Espíritu Santo actuando en la Iglesia Primitiva
-Les guió a reconocer la verdad: Hechos 5:3.
-Les guió a elegir líderes: Hechos 6:3-5, 13:2, 20:28
-Les sostuvo en el martirio: Hechos 7:55.
-Fortaleció a las nuevas iglesias: Hechos 9:31.
-Les guiaba a nuevos campos misioneros: Hechos 13:4, 16:6.

¿Qué Aprendimos?

El Espíritu Santo es una persona divina. Su ministerio a favor del creyente y la iglesia es fundamental. Él imparte Nueva Vida espiritual en el momento de la conversión y guía al creyente en el proceso de crecimiento a semejanza de Cristo. El Espíritu también santifica al creyente en el momento de la llenura del Espíritu, le llama y le capacita para el servicio.

Lección 4 - ¿Quién es el Espíritu Santo?

Actividades

INSTRUCCIONES:

1. Escriba con sus propias palabras ¿Quién es El Espíritu Santo?
   _____
   _____
   _____

2. En la lista siguiente marque con una "x" aquellas situaciones en que es correcto pedir ayuda al Espíritu Santo:
   ___ Soy tentado/a
   ___ Estoy triste o desanimado/a
   ___ Me levanté tarde por pereza y tengo que llegar temprano a mi trabajo
   ___ Estoy confundido en cuanto a una decisión que debo tomar
   ___ Me falta tiempo para cumplir con mi responsabilidad en mi hogar
   ___ Me cuesta dar el diezmo
   ___ No estudié para un examen
   ___ Pedir perdón a alguien que ofendí
   ___ Hay una persona que se resiste a aceptar a Cristo como Salvador
   ___ Prepararme para enseñar una clase o predicar

3. Luego de leer 1 Corintios 6:19 y Ezequiel 36:27 responda ¿Con qué propósito Dios pone su Espíritu en sus hijos e hijas?
   _____
   _____
   _____

4. Elabore una lista de todas las cosas que realiza en una semana. No olvide incluir descanso, alimentación, deporte, compartir con la familia, etc. Luego evalúe cada una de ellas con la siguiente pregunta: ¿Con esta actividad estoy usando mi vida como templo del Espíritu Santo?
   _____
   _____
   _____

5. Luego de orar unos minutos pidiendo la dirección del Espíritu, examine su lista anterior de actividades semanales. ¿Hay algunas que el Espíritu le muestra que debe eliminar para dar lugar a otras que le ayuden a cuidar o hacer un mejor uso del templo del Espíritu que es su cuerpo?
   _____
   _____

Lección 5

¿Por qué necesito ser salvo?

Objetivos

1. Valorar el origen y naturaleza del ser humano.
2. Comprender en qué consiste el pecado.
3. Conocer el plan de Dios para rescatar al ser humano.

Ideas Principales

- Hombre y mujer son creación de Dios, a Su imagen y semejanza.
- Al ser humano se le dado la libertad de elegir hacer lo bueno o lo malo.
- Dios diseñó un plan de salvación enviando a su Hijo para rescatarnos del pecado y enseñarnos a vivir en santidad.

El ser humano lleva la imagen de Dios en el espíritu y en el alma.

Dios ha ideado un plan perfecto para la salvación del ser humano. La salvación es por gracia, es un regalo de Dios, no es por algo que el ser humano pueda hacer por sus propios medios (Gálatas 2:16; Efesios 2:8,9).

Introducción

En el manual de la Iglesia del Nazareno, el artículo de fe número 5, declara lo siguiente sobre el pecado, original y personal:

"Creemos que el pecado entró en el mundo por la desobediencia de nuestros primeros padres, y la muerte por el pecado. Creemos que el pecado es de dos clases: pecado original o depravación y pecado actual o personal.

Creemos que el pecado original, o depravación, es aquella corrupción de la naturaleza de toda la descendencia de Adán, razón por la cual todo ser humano está muy apartado de la justicia original, o estado de pureza, de nuestros primeros padres al tiempo de su creación, es adverso a Dios, no tiene vida espiritual, está inclinado al mal y esto de continuo. Además, creemos que el pecado original continúa existiendo en la nueva vida del regenerado, hasta que el corazón es totalmente limpiado por el bautismo con el Espíritu Santo.

Creemos que el pecado original difiere del pecado actual, por cuanto constituye una propensión heredada al pecado actual de la que nadie es responsable, sino hasta que el remedio divinamente provisto haya sido menospreciado o rechazado.

Creemos que el pecado actual o personal es la violación voluntaria de una ley conocida de Dios, cometida por una persona moralmente responsable. Por tanto, no debe ser confundido con fallas involuntarias o inevitables, debilidades, faltas, errores, fracasos u otras desviaciones de una norma de conducta perfecta, los cuales son residuos de la caída. Sin embargo, tales efectos inocentes no incluyen actitudes o respuestas contrarias al Espíritu de Cristo, las que pueden llamarse propiamente pecados del espíritu. Creemos que el pecado personal es primordial y esencialmente una violación de la ley del amor; y que en relación con Cristo, el pecado puede definirse como incredulidad. (Pecado original: Génesis 3; 6:5; Job 15:14; Salmos 51:5; Jeremías 17:9-10; Marcos 7:21-23; Romanos 1:18-25; 5:12-14; 7:1—8:9; 1 Corintios 3:1-4; Gálatas 5:16-25; 1 Juan 1:7-8. Pecado personal: Mateo 22:36-40 [con 1 Juan 3:4; Juan 8:34-36; 16:8-9; Romanos 3:23; 6:15-23; 8:18-24; 14:23; 1 Juan 1:9—2:4; 3:7-10)" (Manual de la Iglesia del Nazareno 2017-2021).

La Iglesia del Nazareno afirma que la creación de la raza humana a imagen de Dios, incluyó la capacidad de escoger entre el bien y el mal y que, por tanto, los seres humanos fueron hechos moralmente responsables; que por medio de la caída de Adán todos llegamos a ser pecadores, de tal modo que ahora por nuestras propias fuerzas o por nuestras propias obras, no podemos ser libres del pecado y regresar a la comunión con Dios.

También afirma que la gracia de Dios, por medio de Jesucristo, se concede gratuitamente a todas las personas, capacitando a todos los que quieran, para dejar la vida de pecado, creer en Jesucristo como Salvador y Señor, recibir perdón y limpieza del pecado, y aprender a vivir en santidad como discípulos del Señor.

Creemos que una persona que ha sido salva, puede caer nuevamente en una vida de pecado, si descuida su crecimiento en la vida de santidad, y que, a menos que se arrepienta y vuelva a vivir en obediencia a Dios, recibirá el mismo castigo preparado para los pecadores.

Origen y naturaleza del ser humano

Dios creó al ser humano santo, en alma, cuerpo y espíritu.

El relato de la creación en Génesis, descarta totalmente las teorías científicas que ponen a la humanidad como el suceso máximo de un proceso escalonado, y que afirman que el ser humano se diferencia del resto de los seres vivos, sólo por ser un animal u organismo más desarrollado.

La Biblia declara que Dios creó los cielos, la tierra y todo lo que en ella existe, y como corona de su creación, Dios creó al hombre y la mujer (Génesis 1:1-31). Dios dijo: *"hagamos al hombre..."* aquí notamos la presencia implícita de la Divina Trinidad ideando la creación del ser humano. Dios es quien tiene esta iniciativa. El toma del polvo de la tierra para dar forma a una nueva criatura, con la que compartiría su imagen y semejanza. En Génesis 2:7 dice que Dios *"sopló espíritu de vida, y fue el hombre un ser viviente"* dotado de cualidades como la inteligencia, voluntad y emociones. El hombre y la mujer fueron creados moralmente buenos y sin pecado, con la capacidad de tener una relación de amor y compañerismo con su Creador.

Ambos, Adán y Eva, compartían la imagen de Dios, pero con algunas diferencias físicas y emocionales, a fin de que ambos se complementaran y fueran idóneos el uno para el otro, y cumplir con el mandato de Dios de reproducirse y ejercer mayordomía sobre la creación (Génesis 1:27,28).

La naturaleza del ser humano se compone de cuerpo, alma y espíritu, áreas que conforman una integralidad, una sola personalidad que no puede dividirse. El cuerpo físico es lo que le permite entrar en contacto con el mundo material, el espíritu es lo que prevalece después de la muerte del

La salvación es fruto del amor de Dios para el mundo, pero existe una condición. Quien quiera ser salvo debe "creer" en Jesucristo (Juan 3:16), reconocer y confesar su pecado: "Si confesamos nuestros pecados, Dios, que es fiel y justo, nos los perdonará y nos limpiará de toda maldad" (1 Juan 1:9).

La "expiación"
"Creemos que Jesucristo, por sus sufrimientos, por el derramamiento de su preciosa sangre, y por su muerte en la cruz, hizo una expiación plena por todo el pecado de la humanidad, y que esta expiación es la única base de la salvación y que es suficiente para todo individuo de la raza de Adán.
La expiación es misericordiosamente eficaz para la salvación de los irresponsables y para los niños en su inocencia, pero para los que llegan a la edad de responsabilidad, es eficaz para su salvación solamente cuando se arrepienten y creen." (Artículo de fe Nro. 6, Manual Iglesia del Nazareno 2017-2021).

Para estudio sobre la expiación:
Isaías 53:5-6, 11; Marcos 10:45; Lucas 24:46-48; Juan 1:29; 3:14-17; Hechos 4:10-12; Romanos 3:21-26; 4:17-25; 5:6-21; 1 Corintios 6:20; 2 Corintios 5:14-21; Gálatas 1:3-4; 3:13-14; Colosenses 1:19-23; 1 Timoteo 2:3-6; Tito 2:11-14; Hebreos 2:9; 9:11-14; 13:12; 1 Pedro 1:18-21; 2:19-25; 1 Juan 2:1-2.

Dios declara que los pecadores son hechos justos ante sus ojos, no en base a sus buenas obras, sino en respuesta a su fe en la obra de Jesucristo en la cruz (Romanos 4:5-8 y 5:1-5).

cuerpo físico y por el cual se tiene comunión con el Espíritu de Dios. El alma es el centro de la vida intelectual, las emociones y la personalidad.

La imagen de Dios en el ser humano

¿Por qué Dios dio a los seres humanos capacidades y cualidades a Su imagen?

En Salmo 8:5-6 en la Traducción en Lenguaje Actual dice sobre la creación del hombre y la mujer: *"¡Nos creaste casi igual a ti! Nos trataste como a reyes; nos diste plena autoridad sobre todo lo que hiciste; nos diste dominio sobre toda tu creación..."*

El que Dios coronara al hombre de gloria y de honra indica que le dio una dignidad muy alta, tal como se menciona en Génesis 1:26-28. Implica que recibió el poder para tener dominio sobre el resto de la creación aquí en la tierra, y, además, fue dotado de la capacidad para administrarla.

Lamentablemente, el hombre optó por llevarle la contraria a Dios, y en consecuencia, fue destituido de la gloria de Dios (Romanos 3:23), es decir, perdió su compañerismo con el Creador. Pero Dios en su misericordia, le permite todavía dominar sobre la creación, a pesar de los resultados destructivos que han resultado de la mala administración que ha hecho de los recursos naturales. La tierra, hogar que Dios nos obsequió, está siendo destruida por el mismo ser humano. Si esta actitud irresponsable continúa, muy probablemente viviremos dentro de pocos años en un completo desierto. El cristiano tiene la responsabilidad de cuidar el medio ambiente y preocuparse por administrar diligentemente los recursos naturales.

La caída del ser humano

¿Dónde inicia la naturaleza pecaminosa del ser humano?

Cuando Adán y Eva desobedecieron a Dios, dieron entrada al pecado en sus vidas y en la de todos sus descendientes. La imagen de Dios y la relación con el Creador, fuente de vida, fueron dañadas. Su naturaleza original se estropeó, cambió de su estado de pureza a una naturaleza pecaminosa, que le impulsa a hacer lo malo (Romanos 3:23).

Al caer en la tentación de Satanás, Adán y Eva se rebelaron contra Dios y perdieron su santidad (2 Pedro 2:4; Judas 6).

Olin A. Curtis, en "The Christian Faith", enumera cuatro elementos en la caída de la primer pareja en Génesis 3:1-6:

1. El apetito físico: Eva vio que el fruto del árbol era bueno para comer, y agradable a los ojos. Satanás usó los sentidos del cuerpo humano como punto débil para tentarle.

2. El deseo intelectual, o "la curiosidad": Dice el relato que el árbol *"era codiciable para alcanzar la sabiduría"*. Esta curiosidad se refiere al deseo impaciente de experimentar nuevos placeres o emociones, demostrando una conducta irresponsable e irracional como la de un niño.

3. La tentación incluía el impulso individual hacia el autogobierno: *"¿Es verdad que Dios les dijo que no comieran de ningún árbol del jardín?"* Aquí es donde la tentación llega a su punto crítico, porque la sugerencia de Satanás induce la idea de que el ser humano no debe conformarse con ocupar una posición subordinada respecto a una autoridad superior como la del Creador.

4. La influencia social: Eva, después de haber transgredido, *"le dio a su esposo, y también él comió"*. El pecado siempre genera sufrimiento en quien lo comete y en quienes le rodean.

Con la caída del ser humano, entra el pecado en el mundo *"Por medio de un solo hombre el pecado entró en el mundo, y por medio del pecado entró la muerte; fue así como la muerte pasó a toda la humanidad…"* (Romanos 5:12). El pecado viene a manchar la vida del ser humano. Sólo en la sangre de Jesucristo, derramada en la cruz del Calvario puede hallarse la limpieza y perdón de pecados.

La Biblia afirma que todo ser humano necesita reconciliarse con su Creador, a fin de que su naturaleza santa pueda ser restaurada, y que la comunión con el Dios vivo pueda recobrarse. Esto puede ser posible, únicamente con la salvación que Dios ha ofrecido por medio de su Hijo Jesucristo (Juan 3:16).

El plan de Dios para rescatar del pecado al ser humano

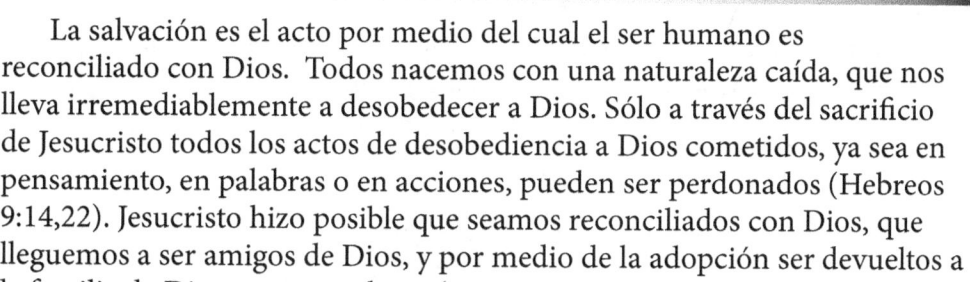

Dios en su gracia proporciona los medios necesarios para nuestra salvación.

La salvación es el acto por medio del cual el ser humano es reconciliado con Dios. Todos nacemos con una naturaleza caída, que nos lleva irremediablemente a desobedecer a Dios. Sólo a través del sacrificio de Jesucristo todos los actos de desobediencia a Dios cometidos, ya sea en pensamiento, en palabras o en acciones, pueden ser perdonados (Hebreos 9:14,22). Jesucristo hizo posible que seamos reconciliados con Dios, que lleguemos a ser amigos de Dios, y por medio de la adopción ser devueltos a la familia de Dios, como sus hijos (Romanos 5:10,11; 2 Corintios 5:18,19).

Es por la obra del Espíritu Santo que Dios llama a los seres humanos a la salvación; es por el Espíritu que los convence de pecado y los despierta para que tengan conciencia de su pecado y necesidad de perdón. Es por el poder del Espíritu Santo que los seres humanos se vuelven hacia Dios en arrepentimiento y fe, es también por el Espíritu, que los seres humanos nacen por segunda vez y son renovados a la imagen de Dios.

La gracia preveniente

"Creemos que la creación de la raza humana a la imagen de Dios, incluyó la capacidad de escoger entre el bien y el mal y que, por tanto, los seres humanos fueron hechos moralmente responsables; que por medio de la caída de Adán llegaron a ser depravados, de tal modo que ahora no pueden, por sus propias fuerzas naturales y obras, tornar y prepararse para la fe y para invocar a Dios. Pero también creemos que la gracia de Dios, por medio de Jesucristo, se concede gratuitamente a todas las personas, capacitando, a todos los que quieran, para tornar del pecado a la justicia, para creer en Jesucristo y recibir perdón y limpieza del pecado, y para seguir las buenas obras agradables y aceptas a la vista de Él.

Creemos que toda persona, aunque posea la experiencia de la regeneración y de la entera santificación, puede caer de la gracia y apostatar y, a menos que se arrepienta de sus pecados, se perderá eternamente y sin esperanza." (Artículo de fe Nro. 7, Manual Iglesia del Nazareno 2017-2021).

Lección 5 - ¿Por qué necesito ser salvo?

A este obrar del Espíritu Santo en el mundo, Juan Wesley lo describe como la "gracia preveniente" guiando a hombres y mujeres en "el primer deseo de agradar a Dios, el primer rayo de luz con respecto a su voluntad, y la primera conciencia profunda de haber pecado contra Él". Esta gracia actúa sobre el pecador para que tenga disposición a escuchar las buenas nuevas de salvación, a fin de que tenga la oportunidad de tomar la decisión de arrepentirse, creer en Jesús y ser salvo.

En la salvación intervienen dos personas: Dios y el ser humano. Cada uno toma parte de la siguiente manera:

Arrepentirse es una ruptura radical con el pecado y un activo volverse a Dios

Lo que hace el ser humano	Lo que hace Dios
Arrepentirse (Hechos 17:30)	**Justifica**: acto en el que Dios otorga perdón absoluto de toda culpa, declara inocente al que es culpable, y es tenido como justo.
Creer plenamente en Jesucristo (fe)	**Regenera**: pone su Espíritu Santo en su vida, renueva, restaura, hace nacer de nuevo como hijo/a de Dios. Es el inicio del proceso de la santificación.
Inicia el proceso de discipulado	**Adopta** al nuevo creyente en su familia y le otorga todos los privilegios de hijo.

El Arrepentimiento
"Creemos que el arrepentimiento, es un cambio sincero y completo de la mente respecto al pecado, con el reconocimiento de culpa personal y la separación voluntaria del pecado, se exige de todos los que por acción o propósito, han llegado a ser pecadores contra Dios. El Espíritu de Dios da a todos los que quieran arrepentirse la ayuda benigna de la contrición de corazón y la esperanza de misericordia, para que puedan creer a fin de recibir perdón y vida espiritual." (Artículo de fe Nro. 8, Manual Iglesia del Nazareno 2017-2021).

¿Qué significa ser justificado?

En esta sección se estudiarán los beneficios de la salvación.

La justificación es un acto legal instantáneo de parte de Dios mediante el cual se declara que nuestros pecados están perdonados y que la justicia de Cristo nos pertenece y somos declarados sin culpa delante de Dios.

En su carta a los Romanos el apóstol Pablo enseñó acerca de los beneficios que recibe la persona que ha sido justificada:

- **El que es justificado, es una persona bienaventurada (4:7-8).** El apóstol Pablo usa la misma expresión que usó Jesucristo en el Sermón del Monte (Mateo 5). En el idioma original significa: ¡Qué feliz es...! En este sentido, no es sólo una afirmación, sino una exclamación: "¡Qué feliz es el hombre que ha sido justificado y liberado por Cristo!"

- **El justificado tiene paz (5:1-5).** Lo que Pablo expresa no es la paz producto de una disciplina mental o una que el individuo pueda crear, sino que esta paz proviene de la seguridad de haber sido perdonado por Dios.

- **El justificado tiene esperanza en la gloria de Dios (5:2).** Quien tiene salvación recobra la confianza en Cristo Jesús. Es una persona que mira el futuro con esperanza, tiene fe en los demás, confía en que Dios cumplirá todas sus promesas y que siempre será su Padre amoroso.

En la siguiente ilustración se puede apreciar el proceso de salvación, que va desde la posición de pecado del ser humano, hasta la posición de gozo y alegría que surge de la relación restaurada con Dios, por medio de Jesucristo:

- Vida de gozo y esperanza en Dios
- Regenerados, adoptados
- Justificados, Salvos, Reconciliados
- Arrepentidos y creyentes
- Pecadores y enemigos de Dios

> *Pecado es desobedecer y revelarse en contra de la voluntad conocida de Dios. El pecado puede ser un mal pensamiento, rechazar a Dios, idolatrarse a sí mismo, ser egoísta, confiar en sus propios esfuerzos humanos, tener una conducta que a Dios no le agrada o la negación a obedecer instrucciones específicas de Dios. Literalmente significa "errar al blanco". Para Wesley "el pecado es una transgresión voluntaria de una ley conocida" (OrtonWiley: 1976, p. 203).*

> *Por medio del perdón Dios borra, quita, destruye o elimina los obstáculos que se interponen entre el hombre y Dios, y entre el hombre y sus semejantes (Isaías 38: 17, Miqueas 7: 19).*

¿Qué Aprendimos?

Todos los seres humanos están separados de Dios al ser culpables delante de la justicia divina por su pecado. La única solución para ser librado del pecado personal y sus consecuencias, ha sido provista por Dios en Jesucristo, quien al morir en nuestro lugar en la cruz, hizo posible que todo aquel que cree en Él, sea perdonado y pueda vivir una Vida Nueva y eterna en paz y compañerismo con Dios (Juan 3:16).

Lección 5 - ¿Por qué necesito ser salvo?

Actividades

INSTRUCCIONES:

1. Mencione algunas cualidades en su vida que reflejan la imagen de Dios.
   _____
   _____

2. Explique en sus propias palabras: ¿qué debe hacer una persona para ser libre de su pecado?
   _____
   _____
   _____
   _____
   _____

3. Lea Colosenses 2:13-14 y 3:3. Luego complete las siguientes oraciones:
   a) Los que viven cometiendo pecado no pertenecen al _____ de Dios.
   b) Al recibir perdón de nuestros pecados recibimos _____ junto con Cristo.
   c) Quienes viven en Cristo, ha muerto para el _____.

4. ¿Qué hace Dios con nuestros pecados según Salmos 103:12; Isaías 43:25 y Hebreos 10:16-17?
   _____
   _____
   _____

5. Comparta en grupos de 3 o 4 integrantes un breve testimonio sobre cómo cambió su vida luego de haber sido perdonado/a de sus pecados.

Lección 6

¿Cómo puedo ser santificado?

Objetivos

Reconocer que la vida santa es el deseo de Dios para todos sus hijos.
- Valorar la experiencia de la entera santificación.
- Desear un progreso continuo en la vida santa.

Ideas Principales

- La santificación tiene lugar en la vida del cristiano a través de la llenura del Espíritu Santo.
- La santificación le otorga al cristiano poder para manifestar en su vida el amor de Dios sirviendo a otros.
- Para ser lleno del Espíritu Santo hay que desear con todo el corazón vivir para Dios, morir al egoísmo y renunciar a todo lo que impide servir a Dios.

Introducción

¿Puede el cristiano ser santo? En esta parte de la lección se estudiará qué afirman los nazarenos sobre la santificación. En el artículo de fe número 10 de la Iglesia del Nazareno se declara:

Juan Wesley resumía la santificación como "la manifestación del amor".

"Creemos que la entera santificación es aquel acto de Dios, subsecuente a la regeneración, por el cual los creyentes son hechos libres del pecado original, o depravación, y son llevados a un estado de entera devoción a Dios y a la santa obediencia de amor hecho perfecto.

Es ejecutado por el bautismo con el Espíritu Santo y encierra en una sola experiencia la limpieza del corazón de pecado, y la presencia permanente del Espíritu Santo, dando al creyente el poder necesario para la vida y servicio.

Esta experiencia se conoce también con varios nombres que representan sus diferentes fases, tales como perfección cristiana, amor perfecto, pureza de corazón, bautismo con el Espíritu Santo, plenitud de la bendición y santidad cristiana.

Creemos que hay una distinción clara entre el corazón puro y el carácter maduro. El primero se obtiene instantáneamente como resultado de la entera santificación; el segundo es el resultado del crecimiento en la gracia.

Creemos que la gracia de la entera santificación incluye el impulso para crecer en la gracia. Sin embargo este impulso se debe cultivar conscientemente y se debe dar atención cuidadosa a los requisitos y procesos del desarrollo espiritual y mejoramiento del carácter y personalidad en semejanza a Cristo. Sin ese esfuerzo con tal propósito, el testimonio de uno puede debilitarse, y la gracia puede entorpecerse y finalmente perderse"...(Manual de la Iglesia del Nazareno 2017-2021).

¿Qué es la santificación?

La entera santificación es ser llenos del amor de Dios.

Como wesleyanos entendemos que el proceso de santificación comienza en la experiencia de la conversión o nuevo nacimiento, donde Dios nos bautiza con su Espíritu Santo. Luego de esta primera experiencia de salvación, la Biblia enseña sobre una segunda obra de gracia necesaria en la vida del cristiano. Esta no es opcional, sino necesaria para que pueda permanecer firme y creciendo en su Nueva Vida conforme al modelo de Cristo.

Los nazarenos creemos que llega un momento que la nueva criatura en Cristo, comprende que necesita ser librado de la condición pecaminosa que lucha en su interior contra su disposición de ser obediente en todo a su Señor. El ser humano no es culpable de esta condición, sino que le ha sido transmitida por herencia desde Adán, así como a todos los seres humanos.

Esta condición pecaminosa, lo estimula a buscar satisfacer sus propios deseos egoístas, en lugar de buscar primero la voluntad de Dios. El cristiano que vive en esta lucha se siente culpable de estas malas inclinaciones de las cuales no puede deshacerse por sus propias fuerzas o voluntad (Salmos 51:7; Hechos 15:8,9; Efesios 5:25-27; 1 Juan 1:7). Pablo describe a ésta condición como la *"mentalidad pecaminosa"* (Romanos 8:6), *"la ley del pecado y de la muerte"* (Romanos 8:2), la *"vieja naturaleza"* y el *"cuerpo pecaminoso"* (Romanos 6:6), o la *"raíz amarga"* (Hebreos 12:15).

El pecado original: es la primera transgresión del hombre a la ley de Dios. El pecado de Adán y Eva pasó a todos los hombres de generación en generación y así toda la humanidad ha heredado la naturaleza pecaminosa de Adán.

Juan Wesley resumía la santificación como "la manifestación del amor". Sólo cuando somos llenos por completo con el Espíritu Santo podemos amar a Dios y a otros con todo nuestro ser. Jesús resumió la voluntad de Dios para nuestra vida como una vida de amor perfecto: *"Ama al Señor tu Dios con todo tu corazón, con toda tu alma, con toda tu mente y con todas tus fuerzas... Ama a tu prójimo como a ti mismo. No hay otro mandamiento más importante que éstos"* (Marcos 12:30-31).

La Biblia enseña que la santificación es:

1. Un mandamiento de Dios (Mateo 5:48; 22:37, 39).

2. El propósito de Dios para sus hijos. Por su amor y misericordia, Dios desea compartir con nosotros su naturaleza divina (Juan 17:20-23; Efesios 3:14,19; 1 Tesalonicenses 5:23).

3. Poder de Dios. Por medio del Espíritu Santo, Dios desea compartir con nosotros su poder y autoridad (Hechos 1:8).

4. Una promesa de Dios. El ha prometido darnos de su santidad si estamos dispuestos a caminar de acuerdo con su voluntad

(Deuteronomio 30.6; Salmo 130:8; Ezequiel 36:25,29; Romanos 8:3,4; 2 Corintios 7:1; Efesios 5:25-27 y 1 Juan 3:8).

¿Es para todos esta experiencia?

La santidad es la voluntad de Dios para todos sus hijos e hijas.

El Nuevo Testamento nos dice que la voluntad de Dios es nuestra santificación. Es decir, que seamos santos delante de Él y de nuestro prójimo. Por esa razón Jesucristo rogó a su Padre para que sus discípulos, y los que habían de creer en Él en las futuras generaciones, sean santificados en la verdad (Juan 17: 19-20).

En 1 Tesalonicenses 5:23 Pablo declara: *"Que el mismo Dios de paz os santifique por completo; y todo vuestro ser —espíritu, alma y cuerpo— sea guardado irreprochable para la venida de nuestro Señor Jesucristo"*. Este versículo tiene cinco enseñanzas importantes:

1. La santificación es obra de Dios. La misma Escritura lo declara. Dios es santo, y desea que seamos santos como Él lo es.

2. La santificación es completa. El apóstol desea que Dios santifique al cristiano por completo, es decir, en mente, alma y cuerpo.

3. La santificación es para esta vida. No hay que esperar que llegue el momento de la muerte. La santificación es para esta vida y también para la vida eterna.

4. La santificación llega a cada parte de la naturaleza humana. "Todo vuestro ser" significa que el ser total del hombre, sus afectos, su voluntad, sus pensamientos y sus motivaciones tienen que ser santificados.

5. La santificación prepara a los cristianos para la venida del Señor. La santificación prepara al cristiano para el juicio final. Por eso la entera santificación no debe ser postergada hasta que el Señor Jesucristo vuelva, sino que AHORA se debe buscar y obtener, ya que si se colabora con Dios en este proceso de santificación, el cristiano será encontrado irreprensible, es decir, irreprochable en la venida de Cristo.

Así como los creyentes de Tesalónica todos los que han aceptado a Cristo como su Señor y Salvador, necesitan crecer continuamente mientras son transformados conforme al carácter de Jesucristo.

La parte humana en la santificación

¿Cómo se prepara el creyente para la llenura del Espíritu?

Juan Wesley enseñó que hay tres factores que preparan al creyente para ser enteramente santificado. El arrepentimiento, es el primer factor.

> *"Como tenemos estas promesas, queridos hermanos, purifiquémonos de todo lo que contamina el cuerpo y el espíritu, para completar en el temor de Dios la obra de nuestra santificación"* 1 Corintios 7:1 (Nueva Versión Internacional).

Este arrepentimiento es diferente al que precede a la experiencia de conversión. Este no surge de la culpa por el pecado cometido, sino del descubrimiento de los deseos pecaminosos que habitan en su ser, de los cuales no puede librarse por más que lo intente.

El segundo factor es el deseo de morir al pecado, de librarse de toda huella de pecado que habite en su ser. El tercer factor es la fe, es decir, la confianza en que Dios le librará de esta inclinación al pecado. La fe hace posible creer que Dios obrará dentro de su ser esa purificación deseada (Hechos 15:8, 9; 26:18; Gálatas 6:14).

En la experiencia de la entera santificación, el ser humano juega un papel importante, puesto en sus manos está el responder al amor de Dios, consagrando todo su ser por completo para que el Señor lo use como mejor le parezca.

El acto de consagración tiene sus raíces en el Antiguo Testamento. Al pueblo de Israel se le pide que se santifique a sí mismo para servir a Jehová (Josué 3:5). En el Nuevo Testamento la actitud que se le pide al ser humano es la de "rendir" o "presentar" su ser completo a Dios (Romanos 6:13; 19; 12:1 RV 1995) y este acto de consagración solo puede ser realizado por una persona que ha nacido de nuevo (Romanos 6:13 RV 1995).

El apóstol Pablo enseñaba que todo cristiano es llamado a presentar todo su ser como sacrificio vivo y agradable a Dios (Romanos 12:1 RV 1995). Este autosacrificio u ofrenda voluntaria surge de un corazón agradecido en respuesta al amor de Dios.

El acto de consagración se realiza por medio de una oración de entrega incondicional que incluye toda la vida, las capacidades y las posesiones, tanto en el tiempo presente, como lo que vendrá en el futuro, es una rendición completa de la vida al servicio de Dios.

*La llenura del Espíritu es requisito para cualquier servicio a Dios: "Buscad, pues, hermanos, de entre vosotros a siete hombres de buen testimonio, **llenos del Espíritu Santo** y de sabiduría, a quienes encarguemos de este trabajo" Hechos 6:3. (Versión Reina Valera 1995).*

La parte divina en la santificación

¿Qué hace Dios para purificar nuestro corazón?

La acción de Dios al llenar a sus hijos del Espíritu Santo en la santificación es la de purificar, limpiar del pecado o hacer santo. Esto es algo que el cristiano por si mismo no puede realizar.

En la entera santificación todo el ser, espíritu, alma y cuerpo, queda sujeto al señorío de Cristo (Romanos 8:7). Sin embargo esta experiencia no hace perfecto al cristiano, en el sentido de que no pueda equivocarse en su pensar y actuar. Pero al ser santificado, el Señor purifica las intenciones de su corazón para que sus pensamientos, su hablar y su actuar sean de continuo dirigidos a hacer lo que es agradable a Dios.

La persona santificada, no está libre de pecar. Es por ello que debe ocuparse de su salvación con mucho cuidado, permaneciendo en obediencia continua, examinando su vida y siendo dócil a la guía del Espíritu Santo, quien le corrige y le lleva a ser más y más como Cristo (Filipenses 2:12). La decisión de vivir en pureza y servir a Dios con todas las fuerzas, debe ser renovada cada día.

Esta segunda obra de gracia recibe diferentes nombres como: la santificación del creyente, la entera consagración, perfección de amor o la llenura del Espíritu. Es gracias a esta experiencia que el creyente, ahora santificado, se inclina a obedecer en un cien por ciento a la voluntad de Dios. En la santificación la naturaleza humana es verdaderamente cambiada y entra en auténtica armonía con la voluntad de Dios y la imagen de Dios puede ser renovada en sus hijos e hijas (1 Tesalonicenses 5:23).

> *"Que el mismo Dios de paz os santifique por completo; y todo vuestro ser -espíritu, alma y cuerpo- sea guardado irreprochable para la venida de nuestro Señor Jesucristo"* (1 Tesalonicenses 5:23). (Versión Reina Valera 1995).

La entera santificación no es el último peldaño por alcanzar en vida del creyente, sino el principio de una vida de crecimiento *"en la gracia y el conocimiento de nuestro Señor y Salvador Jesucristo"* (2 Pedro 3:18 RV).

Sugerencias para el estudio de esta lección

"Santificación"

Jeremías 31:31-34	1 Juan 1:7, 9
Ezequiel 36:25-27	2 Corintios 6:14-7:1
Malaquías 3:2-3	Gálatas 2:20; 5:16-25
Mateo 3:11-12	Efesios 3:14-21; 5:17-18, 25-27
Lucas 3:16-17	Filipenses 3:10-15
Juan 7:37-39; 14:15-23; 17:6-20	Colosenses 3:1-17
Hechos 1:5; 2:1-4; 15:8-9	1 Tesalonicenses 5:23-24
Romanos 6:11-13, 19; 8:1-4, 8-14; 12:1-2	Hebreos 4:9-11; 10:10-17; 12:1-2; 13:12

"Perfección cristiana" o "amor perfecto"

Deuteronomio 30:6	Filipenses 3:10-15
Mateo 5:43-48; 22:37-40	Hebreos 6:1
Romanos 12:9-21; 13:8-10	1 Juan 4:17-18
1 Corintios 13	

"Bautismo con el Espíritu Santo"

Jeremías 31:31-34	1 Pedro 1:22
Ezequiel 36:25-27	1 Juan 3:3
Jeremías 31:31-34;	*Lucas 3:16-17*
Ezequiel 36:25-27;	*Hechos 1:5; 2:1-4; 15:8-9*
Malaquías 3:2-3	*Romanos 15:29*
Mateo 3:11-12	

"Santidad cristiana"

Mateo 5:1-7:29	*1 Tesalonicenses 3:13; 4:7-8; 5:23*
Juan 15:1-11	*2 Timoteo 2:19-22*
Romanos 12:1-15:3	*Hebreos 10:19-25; 12:14; 13:20-21*
2 Corintios 7:1	*1 Pedro 1:15-16*
Efesios 4:17-5:20	*2 Pedro 1:1-11; 3:18*
Filipenses 1:9-11; 3:12-15	*Judas 20-21*
Colosenses 2:20-3:17	

> *La **entera santificación** es una obra instantánea de Dios, pero también es un proceso por medio del cual el cristiano va creciendo conforme al modelo de Jesús.*

¿Qué Aprendimos?

La entera santificación o llenura del Espíritu es la voluntad de Dios para todos sus hijos e hijas. Para recibir esta segunda experiencia, posterior a la conversión, el creyente debe entregar su vida total como ofrenda al servicio de su Dios. En respuesta, Dios purifica su vida de toda inclinación al mal y le llena de su Santo Espíritu. Es por medio de la llenura del Espíritu que el amor perfecto de Dios se desarrolla y crece en la vida del cristiano llevándole a ser más y más de Cristo y a amar como Cristo.

Actividades

INSTRUCCIONES:

1. ¿Por qué la voluntad de Dios es que seamos santificados?
___
___
___

2. ¿Con qué otros nombres se conoce la experiencia de la entera santificación?
___
___
___

3. ¿Quiénes pueden recibir la experiencia de la entera santificación y porqué?
___
___
___
___

4. En su opinión, ¿cuáles son aquellos obstáculos que impiden que un hijo, o una hija de Dios sea lleno del Espíritu?

    1. ___
    2. ___
    3. ___

5. En parejas compartan sus opiniones sobre lo siguiente: Si una persona le pregunta: ¿Por qué necesito ser lleno del Espíritu?, ¿Cuál sería su respuesta?

Luego escojan dos de las mejores respuestas de cada pareja y compartan con el resto de la clase.
___
___
___
___

Lección 7

¿Cuál es el propósito de la Iglesia?

Objetivos

- Trazar el origen y naturaleza de la Iglesia.
- Reflexionar sobre la misión de la Iglesia.
- Valorar el bautismo y la cena del Señor.

Ideas Principales

- La Iglesia fue fundada por Jesucristo, quien es su cabeza y cuyo cuerpo se compone de sus discípulos y discípulas que le sirven entre las naciones.
- Los sacramentos son medios de gracia ordenados por Jesucristo, para ayudarnos a crecer en la fe y en unidad como Pueblo de Dios

Introducción

¿Qué es la Iglesia? ¿Se trata sólo de una organización humana? ¿Cómo surgió la Iglesia?

En el artículo de fe número 11, acerca de la Iglesia, los nazarenos afirman:

"Creemos en la iglesia, la comunidad que confiesa a Jesucristo como Señor, el pueblo del pacto de Dios renovado en Cristo, el Cuerpo de Cristo llamado a ser uno por el Espíritu Santo mediante la Palabra. Dios llama a la Iglesia a expresar su vida en la unidad y comunión del Espíritu; en adoración por medio de la predicación de la Palabra, en la observancia de los sacramentos y al ministrar en su nombre; por la obediencia a Cristo y la responsabilidad mutua.

La misión de la iglesia en el mundo es continuar la obra redentora de Cristo con el poder del Espíritu, mediante una vida santa, la evangelización, el discipulado y el servicio. La Iglesia es una realidad histórica que se organiza en formas culturalmente adaptadas; existe tanto como congregaciones locales y como cuerpo universal; aparta a personas llamadas por Dios para ministerios específicos. Dios llama a la Iglesia a vivir bajo su gobierno en anticipación de la consumación en la venida de nuestro Señor Jesucristo." (Manual de la Iglesia del Nazareno 2017-2021).

Para estudio de la iglesia

Éxodo 19:3; Jeremías 31:33; Mateo 8:11; 10:7; 16:13-19, 24; 18:15-20; 28:19-20; Juan 17:14-26; 20:21-23; Hechos 1:7-8; 2:32-47; 6:1-2; 13:1; 14:23; Romanos 2:28-29; 4:16; 10:9-15; 11:13-32; 12:1-8; 15:1-3; 1 Corintios 3:5-9; 7:17; 11:1, 17-33; 12:3, 12:31; 14:26-40; 2 Corintios 5:11-6:1; Gálatas 5:6,13-14; 6:1-5,15; Gálatas 5:6, 13-14; 6:1-5, 15; Efesios 4:1-17; 5:25-27; Filipenses 2:1-16; 1Tesalonicenses 4:1-12; 1 Timoteo 4:13; Hebreos 10:19-25; 1 Pedro 1:1-2, 13; 2:4-12, 21; 4:1-2, 10-11; 1 Juan 4:17; Judas 24; Apocalipsis 5:9-10.

¿Cómo surgió la Iglesia?

En esta sección se aprenderá como nació la Iglesia.

Desde el principio de la historia humana Dios quiso formar su pueblo. Con este propósito llamó a Abraham a quien prometió levantar un gran pueblo de sus descendientes para que fueran bendición a todas las familias de la tierra (Génesis 12:1-9). Con el tiempo Israel llegó a ser esa nación escogida por Jehová, pero ellos fácilmente olvidaban la misión que Dios les había encomendado de ser luz a las naciones. Más adelante Dios anuncia por medio de los profetas que formaría un pueblo con gente de todas las naciones y este pueblo suyo es la Iglesia (1 Pedro 2:9-10).

Pese al mal desempeño de Israel en su misión, Dios cumplió su propósito y envió a su Hijo Jesucristo, quien por medio de su ministerio, muerte y resurrección, da inicio al ministerio de la Iglesia dejando en sus discípulos la responsabilidad de predicar el evangelio a toda criatura (Mateo 28: 18-20).

Los cristianos marcan el nacimiento de la Iglesia en el día de Pentecostés, cuando los ciento veinte discípulos y discípulas reunidos en el Aposento Alto, luego de un largo período de oración, fueron llenos del Espíritu Santo y comenzaron a evangelizar y hacer discípulos entre personas de muchas naciones reunidas en la ciudad de Jerusalem (Hechos 2:1-42).

Templo e iglesia, ¿son sinónimos?
De acuerdo con la Biblia, iglesia no es el lugar o edificio donde nos reunimos para dar culto a Dios.
La iglesia es el conjunto de personas que se reúnen para adorar, para aprender de su Señor y tener compañerismo (2 Corintios 6:16).
Cada vez que la iglesia se reúne, es porque Dios la ha convocado para luego ser enviados al mundo a servirle.

Características de la Iglesia

¿Cómo es la verdadera Iglesia de Jesucristo?

Tradicionalmente los teólogos ven en la Iglesia de Cristo algunas características especiales que la distinguen. Por ejemplo:

1. La iglesia del Señor es visible y al mismo tiempo invisible. Es visible porque podemos ver a nuestros hermanos en las congregaciones locales, pero es invisible porque se compone de los cristianos de generaciones que pasaron y que están en la presencia del Señor.

2. La iglesia es local y universal. Local, cuando se refiere al grupo de fieles que se congregan en un lugar. Universal, porque comprende la totalidad de creyentes de todas las razas y de todos los tiempos.

3. La iglesia es una y diversa. La unidad de la Iglesia está en su condición de ser una en Cristo. Pero es diversa porque ella se manifiesta en diferentes congregaciones locales.

4. La iglesia es santa e imperfecta. Puesto que Cristo es santo, entonces como Cuerpo de Cristo espiritual, ella también es santa; sin embargo, como está formada por personas, siempre tiene necesidad de ser limpia de pecado.

De la manera que en un cuerpo tenemos muchos miembros, pero no todos los miembros tienen la misma función, así nosotros, siendo muchos, somos un cuerpo en Cristo, y todos miembros los unos de los otros (Romanos 12:4-5).

Metáforas de la Iglesia

Por medio de las metáforas bíblicas se puede aprender más de la Iglesia.

Cuando la Biblia desea enseñar verdades respecto a la Iglesia de Cristo, usa comparaciones, parábolas o figuras. Se estudiará lo que enseñan algunas de las metáforas de la Iglesia en el siguiente cuadro:

Metáforas bíblicas de la Iglesia	Cita	Enseñanza principal
Un rebaño de ovejas	Juan 10:1-18	Jesucristo es el Buen Pastor, quien cuida, alimenta y defiende a su Iglesia (rebaño), al punto que dio su vida por ella.
La novia de Cristo	Apocalipsis 19:7-8	Jesucristo es el Novio que viene a desposar a la Iglesia, quien se prepara en santidad para las Bodas del Cordero, suceso que ocurrirá en su Segunda Venida.
Edificio	Efesios 2:19-22	El fundamento de la Iglesia son los apóstoles y profetas, la piedra angular que sostiene todo el edificio, es Cristo. Este edificio es templo santo y morada del Espíritu que está en continuo crecimiento añadiendo más discípulos.
Cuerpo de Cristo	Romanos 12:3-8 1 Corintios 12:12-27	La Iglesia está unida a Cristo, su líder (cabeza) espiritual. Sus miembros se ayudan y cada uno cumple su función (ministerio) especial poniendo en práctica los dones del Espíritu.
Pueblo de Dios (nación santa)	Pedro 2:9	Así como Dios escogió a Israel de entre los otros pueblos para ser su Pueblo santo, así también la Iglesia ha sido escogida para ser el nuevo pueblo de Dios.

> **Los cristianos son real sacerdocio**
> *Como sacerdotes, los cristianos tienen el privilegio de interceder en oración delante de Dios por aquellos que están en pecado, para que consagren su vida a Cristo y sean salvos.*

El Cuerpo de Cristo era una de las figuras favoritas que Pablo usaba cuando se refería a la Iglesia. ¿Por qué? William Barclay responde: "Los miembros del cuerpo no discuten entre sí, ni se envidian unos a otros, ni disputan acerca de su importancia relativa. Cada parte del cuerpo desarrolla su propia función, no importa cuan prominente o cuan humildemente oculta sea esa función".

Los sacramentos o medios de gracia

En esta sección se estudiarán las prácticas ordenadas por Jesús.

Los sacramentos son aquellas prácticas y celebraciones que han sido ordenadas por Jesús y que la Iglesia realiza. Éstas son muy importantes puesto que comunican enseñanzas fundamentales de la fe cristiana, ayudan a afirmar la identidad como Pueblo de Dios, a fortalecer la comunidad entre hermanos y hermanas, y a compartir la presencia de Cristo por medio de la actividad del Espíritu Santo.

El teólogo Orton Wiley explica el significado de sacramento como sigue: *"una señal externa y visible de una gracia interna y espiritual que se nos da, ordenada por Cristo como un medio por el cual recibimos esa gracia, y la promesa para asegurarnos de ésta"* (1976, p. 428).

No todas las confesiones de fe tienen el mismo punto de vista en cuanto al significado de los sacramentos. Por ejemplo, la Iglesia Católica Romana y la Iglesia Ortodoxa Griega celebran siete sacramentos: bautismo, comunión, confirmación, penitencia, extremaunción, ordenación y matrimonio. Pero la mayoría de las Iglesias Protestantes reconocen sólo dos sacramentos: bautismo y santa cena, por ser estos los únicos que instituyó Jesucristo (Mateo 28:19; 26:26-27).

La Santa Cena o Comunión

La Santa Cena es una fiesta espiritual de Comunión con Cristo.

La Iglesia del Nazareno declara en su artículo de fe número 13: *"Creemos que la Cena Conmemorativa y de Comunión instituida por nuestro Señor y Salvador Jesucristo, es esencialmente un sacramento del Nuevo Testamento, que declara su muerte expiatoria, por cuyos méritos los creyentes tienen vida y salvación, y la promesa de todas las bendiciones espirituales en Cristo. Es especialmente para aquellos que están preparados para apreciar con reverencia su significado, y por ella anuncian la muerte del Señor hasta que Él venga otra vez. Siendo la fiesta de Comunión, solo aquellos que tienen fe en Cristo y amor para los santos, deben ser llamados a participar en ella."* (Manual Iglesia del Nazareno 2017-2021).

Sacramento: viene de sacro, que significa sagrado.

En 1 Corintios 10:14 al 11:26 el apóstol Pablo enseña a la Iglesia la importancia de celebrar con frecuencia la Cena del Señor.

1. Pablo hace un contraste entre la comunión del pagano con sus ídolos y la comunión del cristiano con Cristo.

2. Esta es una enseñanza que la Iglesia recibió directamente del Señor. Desde el punto de vista de Pablo, la Cena del Señor practicada por la Iglesia, sustituyó la fiesta judía de la Pascua. Esto se debe a que la Comunión es una fiesta conmemorativa de los medios empleados para nuestra liberación espiritual, es decir, el cuerpo y la sangre de Jesús derramada por nosotros en la cruz del Calvario. El pan que se comparte representa el cuerpo de Cristo y el jugo de uva representa su sangre.

3. Es una fiesta donde se recuerda y celebra en forma anticipada, la promesa del retorno de nuestro Señor Jesucristo por segunda vez.

Para estudio de los sacramentos:
1 Corintios 10:14-22;
11:23-24
Hechos 8:26-39
Romanos 6:1-13.

4. Celebra la unidad de los miembros de la Iglesia. En el verso 10: 17 Pablo declara: *"Hay un solo pan del cual todos participamos; por eso, aunque somos muchos, formamos un solo cuerpo."*

5. Es una nueva oportunidad de agradecer por la Nueva Vida que Dios nos ha regalado por su gran amor y misericordia. Cada vez que se participe de esta mesa a la cual el Señor invita, se celebra y recuerda que nuestra salvación tuvo un alto precio que fue provisto por Dios a través de su Hijo Jesucristo.

Lección 7 - ¿Cuál es el propósito de la Iglesia?

El Bautismo

En esta sección se estudiará el significado del bautismo.

> *También tomó pan y le dio gracias a Dios; luego lo partió, lo dio a sus discípulos y les dijo: "Esto es mi cuerpo que ahora es entregado en favor de ustedes. De ahora en adelante, celebren esta cena y acuérdense de mí cuando partan el pan".*
> (Lucas 22:19, Versión en Lenguaje Actual)

Desde los tiempos del Antiguo Testamento los judíos bautizaban a los que habiendo pertenecido a otros pueblos y religiones, querían convertirse al judaísmo. Juan el Bautista, antecesor de Jesús en su ministerio, bautizaba en el río del Jordán, a los que se arrepentían de sus pecados y deseaban comenzar una vida en obediencia a Dios (Mateo 3:1-12).

Antes de ascender a los cielos, Jesucristo ordenó a sus discípulos: *"Se me ha dado toda autoridad en el cielo y en la tierra. Por tanto, vayan y hagan discípulos de todas las naciones, bautizándolos en el nombre del Padre y del Hijo y del Espíritu Santo, enseñándoles a obedecer todo lo que les he mandado a ustedes. Y les aseguro que estaré con ustedes siempre, hasta el fin del mundo"* (Mateo 28:18-20).

En su primer sermón Pedro predicaba: *"Arrepiéntase y bautícese cada uno de ustedes en el nombre de Jesucristo para perdón de sus pecados"* (Hechos 2:38). Por tanto, para participar del sacramento del bautismo, era necesario creer en Cristo y arrepentirse.

William Barclay dice que para los cristianos primitivos (Hechos 8:26-39), el bautismo significaba por lo menos tres cosas:

1. Purificación de pecado. El agua siempre ha sido símbolo de limpieza.

2. Marcaba un momento definido en la vida. Es el inicio de una nueva vida como discípulo de Jesús.

3. Era una unión verdadera con Cristo. Al sumergirse en las aguas, era semejante a morir y ser sepultado, como lo fue Cristo, y a semejanza de su Maestro, también se levantaba para una nueva vida (Romanos 6:1-4).

La Iglesia del Nazareno enfatiza el valor del sacramento del bautismo para afirmar al nuevo discípulo en la vida cristiana en su artículo de fe número 12:

*"Creemos que el **bautismo** cristiano, ordenado por nuestro Señor, es un sacramento que significa la aceptación de los beneficios de la expiación de Jesucristo, que debe administrarse a los creyentes, y que declara su fe en Jesucristo como su Salvador, y su pleno propósito de obediencia en santidad y justicia. Siendo el **bautismo** un símbolo del nuevo pacto, se puede bautizar a niños pequeños, a petición de sus padres o tutores, quienes prometerán la enseñanza cristiana necesaria. El **bautismo** puede ser administrado por aspersión, afusión o inmersión, según la preferencia del candidato.* (Manual de la Iglesia del Nazareno 2017-2021).

Tres formas de bautismo
- aspersión: rociar o salpicar con agua.
- afusión: derramar un poco de agua.
- inmersión: sumergir todo el cuerpo en agua.

Para estudio del bautismo Mateo 3:1-7; 28:16-20; Hechos 2:37-41; 8:35-39; 10:44-48; 16:29-34; 19:1-6; Romanos 6:3-4; Gálatas 3:26-28; Colosenses 2:12; 1 Pedro 3:18-22.

Cinco funciones principales de la Iglesia

Para estudio de la Cena del Señor
Éxodo 12:1-14; Mateo 26:26-29; Marcos 14:22-25; Lucas 22:17-20; Juan 6:28-58; 1 Corintios 10:14-21; 11:23-32)

Cierto misionero que acostumbraba bautizar a sus convertidos en un río, los hacía entrar en el agua por una orilla y, después de bautizarlos, les indicaba que salieran por la orilla opuesta, como si en el momento del bautismo se hubiera trazado una línea que los enviaba a un nuevo rumbo en la vida.

¿Qué Aprendimos?

La Iglesia ha sido fundada por Jesucristo con el propósito de que sus discípulos se reúnan para adorar, alimentarse de la Palabra, tener compañerismo y por medio de su servicio al mundo y la evangelización hacer discípulos de Cristo. La Iglesia es por naturaleza santa y divina, pero también humana e imperfecta. Jesús estableció dos sacramentos, el bautismo como símbolo del Nuevo Nacimiento como discípulo y la Comunión, como recordatorio permanente de la unión de su pueblo a su Señor.

Actividades

Tiempo 20'

INSTRUCCIONES:

1. ¿Cuál es el origen y el propósito de la existencia de la iglesia?
_____
_____
_____

2. ¿Explique en sus palabras por qué templo e iglesia no son sinónimos?
_____
_____
_____
_____

3. Complete el siguiente acróstico sobre la Iglesia conforme a lo estudiado en esta lección.

   A. _ _ _ _ _ _ _ _ _ _ _ I _ _ _ _
   B. _ _ _ _ G _ _ _ _ _ _ _ _ _ _
   C. _ _ _ _ _ L _
   D. _ E _ _ _ _ _ _ _ _ _
   E. _ _ _ _ _ _ S _ _ _
   F. _ _ _ _ _ _ I _ _
   G. _ _ _ _ _ _ _ A _

A. Una de las metáforas paulinas de la Iglesia.

B. Uno de los propósitos de la existencia de la Iglesia.

C. En 1 Pedro 2:9 dice que todos los cristianos, judíos y no judíos, conforman ahora un sólo...

D. Fundador de la Iglesia.

E. Uno de los dos sacramentos que practican las iglesias protestantes.

F. Otro de los nombres del sacramento de la Cena del Señor.

G. Iglesia que se compone de todos los creyentes de todas las razas y épocas.

Lección 8

¿Qué dice la Biblia sobre el futuro?

Objetivos
- Clarificar el significado de "el Reino de los cielos".
- Identificar los sucesos de la segunda venida de Cristo.
- Conocer sobre el juicio final y la vida eterna.

Ideas Principales

- El Reino de Dios es una realidad pasada, presente y también futura.
- Hay varios sucesos en la historia de la Salvación que aún están por venir, como el juicio final, el castigo a los enemigos de Dios y la recompensa a su pueblo fiel.
- El Reino de justicia de Jesucristo será establecido plenamente sobre su pueblo en su segunda venida.

Introducción

Existen diferentes interpretaciones sin fundamento bíblico serio sobre los acontecimientos que rodearán la segunda venida de Cristo. Muchos hablan, escriben libros y hasta filman películas sobre como y cuando será la "gran tribulación", el rapto de la Iglesia, la revelación del anticristo, y arrojan confusión al respecto.

Es importante recordar que desde que Jesús ascendió a los cielos han habido quienes dicen saber el día y la hora de su venida, pero no debemos dejarnos confundir puesto que Jesús mismo dijo que el único que conoce el dia y la hora de su venida, es el Padre Celestial (Mateo 24:36).

En esta lección nos limitaremos a estudiar lo que la Iglesia del Nazareno basada en la Palabra, cree y enseña sobre los eventos futuros que rodean a la venida del Reino eterno de Jesucristo.

Es normal que sintamos curiosidad sobre la segunda venida de Cristo, pero debemos aceptar que hay cosas que Dios se ha guardado para sí, pues sólo a él le corresponde conocerlas (Hechos 1:7). Lo que sí sabemos, es que Jesucristo puede venir en cualquier momento, por lo tanto hay que estar siempre preparados viviendo en santidad.

El Reino de Dios

¿De dónde proviene? ¿Dónde y cuándo tendrá lugar el Reino de Dios?

El tema del Reino de Dios es muy importante para comprender los sucesos presentes y futuros, por ello es fundamental conocer ¿a qué se refiere la Palabra cuando habla del Reino de Dios?

El que más claramente enseñó sobre el Reino fue el Señor Jesucristo. El proclamó su mensaje como "el evangelio del Reino" (Mateo 4:12, 13,17). Jesús enseñó que el Reino de Dios vino al mundo con Él y que su autoridad como Rey de este Reino es ilimitada.

El tema del Reino de Dios es uno de los más discutidos en la teología cristiana porque hay diferentes interpretaciones del mismo. Una de las más difundidas en nuestro contexto es la de la Iglesia Católica Romana, la cual afirma que todo lo que no pertenece a la Iglesia Católica Romana está fuera del Reino de Dios. Esta interpretación que limita el Reino de Dios a una organización humana, es la misma que asumen grupos sectarios como los Testigos de Jehová y los Mormones.

Sin embargo cuando se estudia la Palabra es claro que este Reino no se limita a una organización, sino que se extiende a todos los hijos e hijas de Dios. Este Reino se desarrolla en tres tiempos históricos, porque ha tenido su inicio, se está extendiendo hoy y existirá por siempre:

1) El Reino vino con Cristo, quien es su Rey. Este como cualquier otro Reino tiene sus leyes, pero en este caso, las leyes se escriben en el corazón de quienes pertenecen a Él.

2) El Reino está en expansión, gana territorio con cada nueva vida que acepta a Cristo como Salvador y Señor.

3) El Reino vendrá en su plenitud en la segunda venida de Cristo, cuando se establecerá su ilimitado y eterno gobierno sobre su pueblo y toda la creación (Marcos 1:14-15).

En conclusión, se puede afirmar que el Reino de Dios está presente en este mundo ahora mismo en la vida de cada persona que vive bajo el señorío de Jesucristo (Mateo 12:22 ss.; 13:44-46; Marcos 4,3; 12:34; Lucas 17:20,21).

El significado de la palabra "reino", del griego basileia posee dos sentidos uno concreto que es "dominio", "territorio", "reino" o "el pueblo sobre el cual gobierna el rey", y el otro abstracto que indica "soberanía" o "poder real". Cuando se dice que se predica "el evangelio del Reino de Dios" se entiende como "el evangelio del reinado de Dios", no se refiere a un punto geográfico en sí, sino a la soberanía de Dios.

La segunda venida de Cristo

¿Qué creemos los nazarenos sobre la segunda venida de Cristo?

Cuando Jesucristo vino por primera vez, tenía una misión que cumplir, predicar las buenas nuevas del Reino de Dios y consumar el plan de salvación al ser crucificado, muerto y resucitado (Hechos 10:39-41). Parte de su misión consistía en establecer su Iglesia para que continúe con la obra que Él comenzó, comisionándola a hacer discípulos del Reino en todas las naciones (Hechos 10:42-43).

Jesucristo prometió a su Iglesia que vendría otra vez en todo su poder y gloria (Hechos 1:11). En el Nuevo Testamento este acontecimiento se describe con la palabra griega *parousia* que significa estar presente o presencia (2 Corintios 4:1-3). Esta palabra también se traduce como venida o llegada (1 Tesalonicenses 4:13).

La Iglesia del Nazareno no especula sobre el orden de los acontecimientos futuros, ni sobre el día en que Jesús vendrá otra vez. En su artículo de fe número 15 sobre "La segunda venida de Cristo" declara:

> "Creemos que el Señor Jesucristo vendrá otra vez; que los que vivamos en el momento de su venida, no precederemos a los que durmieron en Cristo Jesús; mas si hemos permanecido en Él, seremos arrebatados con los santos resucitados para reunirnos con el Señor en el aire, y estaremos siempre con Él." (Manual Iglesia del Nazareno 2017-2021).

En cuanto al tiempo de su cumplimiento, las profecías de la Biblia se han clasificado en tres tipos:
1. Profecías ya cumplidas. Estas son las que se refieren al pueblo de Israel y Judá, a la primer venida de Jesucristo y al establecimiento de la Iglesia por medio de la venida del Espíritu Santo a vivir en los corazones de los hijos e hijas de Dios.
2. Profecías en proceso de cumplimiento. Estos son sucesos relacionados a la historia de la nación de Israel y a la Iglesia.
3. Profecías aún no cumplidas. Referentes al futuro de Israel y de la Iglesia, y especialmente las relacionadas a la segunda venida de Jesucristo y al establecimiento del Reino eterno de Dios.

Lección 8 - ¿Qué dice la Biblia sobre el futuro?

Más adelante en el artículo de fe número 16 sobre "La resurrección, el juicio y el destino" declara:

"Creemos en la resurrección de los muertos, que los cuerpos tanto de los justos como de los injustos serán resucitados y unidos con sus espíritus — 'los que hicieron lo bueno, saldrán a resurrección de vida; mas los que hicieron lo malo, a resurrección de condenación'.

Creemos en el juicio futuro en el cual toda persona comparecerá ante Dios para ser juzgada según sus hechos en esta vida.

Creemos que a los que son salvos por creer en Jesucristo nuestro Señor y le siguen en obediencia, se les asegura la vida gloriosa y eterna; y que los que permanezcan impenitentes hasta el fin, sufrirán eternamente en el infierno." (Manual Iglesia del Nazareno 2017-2021).

Por lo tanto, la Iglesia del Nazareno entiende que la Biblia presenta la historia de la humanidad y el universo no de forma cíclica sino lineal, y que está avanzando según el plan de Dios hacia el momento en que Jesucristo volverá y Dios establecerá para siempre su Reino eterno de justicia. La Palabra enseña que en el tiempo de la venida de Cristo ocurrirán ciertos eventos, los cuales se estudiarán brevemente a continuación.

La resurrección de los muertos

¿Qué ocurre con el espíritu cuando una persona muere?

El paso de la vida presente a la vida eterna es algo que todos los seres humanos experimentarán tarde o temprano. Muchos tendrán que pasar por la experiencia de la muerte, pero este no es el punto final a la existencia humana, sino el paso a una forma diferente de existencia.

Luego de la muerte las personas siguen en un estado de conciencia, es decir, continúan despiertos, pueden comunicarse y sentir. Jesús enseñó que todos sus hijos e hijas al morir son llevados inmediatamente a un lugar donde permanecen con Él, que se describe como "paraíso" (Lucas 23:43). Pablo describe esta experiencia como placentera y deseable, pues en ella el creyente es librado de los sufrimientos asociados a la vida en la carne, como dolor, enfermedad, persecución, tristeza, entre otros (Filipenses 1:21-24). Pero Jesús también describió la experiencia que espera al morir a quienes le han rechazado, la cual será de continuo dolor y sufrimiento (Lucas 16: 19-31).

Pero aquí no acaba todo, cuando Cristo venga por segunda vez, todos los muertos serán resucitados. En San Juan 5:28-29 dice: *"No se asombren de esto, porque viene la hora en que todos los que están en los sepulcros oirán su voz, y saldrán de allí. Los que han hecho el bien resucitarán para tener vida, pero los que han practicado el mal resucitarán para ser juzgados."*

La naturaleza del Reino es celestial porque es y viene de Dios (Mateo 6:9,10,33; 12:28; 21:31,43).

El apóstol Pablo enseñó sobre la esperanza futura del cristiano en este Reino que vendrá en su plenitud con Cristo en su segunda venida y que traerá perfecta justicia, paz y gozo sobre la tierra para siempre (Romanos 14:17; Colosenses 1:13; 1 Corintios 6:9; 15:50; Gálatas 5:21, Efesios 5:5; 2 Timoteo 4:1,18).

Cuando una persona muere, el cuerpo físico vuelve a convertirse en tierra, que es la materia con la cual fue creado (Génesis 3:19), pero su espíritu no muere. En la resurrección el espíritu es resucitado en un cuerpo nuevo, transformado, diferente en su naturaleza, donde cada persona continuará su existencia eterna (1 Corintios 15:23, 42-44). Todos los seres humanos resucitarán (Apocalipsis 20:12,13), los creyentes resucitarán para vida y los incrédulos resucitarán para condenación (Daniel 12:2, Juan 5:29).

Los que estén vivos en el tiempo de la venida de Cristo experimentarán una transformación donde recibirán al igual que los que han resucitado un cuerpo para la eternidad. El apóstol Pablo y Juan en el libro de Apocalipsis, unen a este suceso de la resurrección de los muertos, otro evento donde el Señor se reunirá para siempre con su Iglesia (1 Tesalonicenses 4:16-18).

El juicio final

¿De qué se trata el juicio final?

Jesucristo vendrá como juez para juzgar a toda la humanidad y esto ocurrirá después de que todos los muertos hayan resucitado (Juan 5:22,23, Hechos 17:31; 2 Corintios 5:10). El propósito de este juicio es castigar a los que por voluntad propia se negaron a vivir en obediencia a la Palabra de Dios y recompensar a quienes fueron fieles discípulos de Jesucristo.

En este tribunal cada persona será juzgada según sus obras, sus pensamientos, sus palabras y sus motivaciones durante esta vida (Daniel 7:9,10; Eclesiastés 12:14; Romanos 2:16, Judas 14,15; Apocalipsis 20:11-13). Aunque la limpieza de pecado se recibe por fe y no por las obras, en el juicio final toda buena obra será recompensada (2 Corintios 5:10).

La vida eterna

En esta sección se aprenderá sobre "el cielo".

Cuando los cristianos hablan de "el cielo" en realidad se refieren a la vida eterna que está preparada para todos los hijos e hijas de Dios. En otros pasajes de la Biblia se denomina a este lugar como la "santa ciudad", "la nueva Jerusalem", "el tabernáculo de Dios" (Apocalipsis 21:2,3).

Aunque no hay mucha información en la Palabra sobre este lugar, sin embargo se nos ha revelado lo siguiente:

- Es una vida de felicidad completa, donde el creyente estará continuamente en la presencia de Dios (Salmos 16:11) y en perfecta comunión con Dios y el Cordero (Apocalipsis 22:3-5).

- Es un lugar donde la gloria de Jesucristo se revelará en su plenitud (Juan 17:24).

La segunda venida de Cristo como promesa de salvación no lo es sólo para los hijos e hijas de Dios, sino para toda la creación que sufre bajo la contaminación del pecado y espera también el día de su liberación (Romanos 8:18-21). Esta doctrina de la segunda venida de Cristo ha sido uno de los pilares de la fe cristiana y ha sostenido con esperanza a la Iglesia en todas las épocas en medio del sufrimiento y la persecución.

Este día de su segunda venida, recibe diferentes nombres como ser: "el Día del Señor", "la venida del Hijo del Hombre" (Mateo 24:27), "la venida del Señor" (1 Tesalonicenses 4:15; Santiago 5:7,8), "la venida del día del Dios" (2 Pedro 3:12) y se le describe como el inicio de un tiempo de juicio para la humanidad y recompensa para sus discípulos fieles (Isaías 2:2-4; 24:21; Daniel 2:44; 7:13,14; Salmo 24; Amós, 5:18; Zacarías 8:3; Mateo 26:64, Marcos 14:62; Lucas 22:69; Hechos 1:9-11).

Lección 8 - ¿Qué dice la Biblia sobre el futuro?

- Allí el creyente continuará creciendo en todo semejante a Jesucristo, porque le conocerá tal como Él es (1 Juan 3:1-2).

- Es un lugar de santidad plena. Allí no hay pecado, injusticia o maldad (Isaías 35:10; Apocalipsis 21:27).

- Toda la creación rendirá alabanza, honra y gloria por siempre a Jesucristo (Apocalipsis 5:13).

Jesús se despidió de sus discípulos diciendo que iría a preparar este lugar especial para estar con sus discípulos eternamente (Juan 14:2, 3).

El infierno

¿Es el infierno un mito o existe en realidad?

La Biblia enseña, que las decisiones que el ser humano toma en esta vida tienen consecuencias eternas. Aunque la creencia común de la gente es que se puede arreglar las cuentas con Dios después de la muerte, la Palabra enseña que nada de lo que se hace en esta vida puede cambiarse después de la muerte.

La eternidad es algo que experimentarán todos los seres humanos, sean salvos en Cristo, musulmanes, budistas, ateos, o de cualquier otra creencia. La verdad es que ningún ser humano tiene el control o puede cambiar lo que le espera después de la muerte.

Dios ha revelado que todos aquellos que rechazan voluntariamente la gracia salvadora del Señor se condenan a una vida eterna en un lugar de sufrimiento llamado "el infierno" (Mateo 23:33; Marcos 16:16; Juan 3:17-19).

Al igual que "el cielo", el infierno es un lugar real y concreto. La palabra que Jesús empleó para describir este lugar donde Dios echará a sus enemigos es *geenn*. En el libro de Apocalipsis se describe este lugar como un lago de fuego y azufre (Apocalipsis 21:8).

Contrario a las bromas que se suelen hacer sobre el infierno, que describen a Satanás como el rey de este lugar, quien se complace en atormentar a los seres humanos, la Palabra dice que este lugar está reservado especialmente para Satanás y todos sus demonios: *"El Diablo, que los había engañado, será arrojado al lago de fuego y azufre, donde también habrán sido arrojados la bestia y el falso profeta. Allí serán atormentados día y noche por los siglos de los siglos"* (Apocalipsis 20:10).

No es la voluntad de Dios que los seres humanos tengan este final, pero ellos mismos se condenan al rechazar la oferta de salvación por medio de Jesucristo. La única forma de librarse de este destino final de dolor y muerte es aceptar a Cristo como Salvador, para así estar inscripto en el Libro de la Vida:

Para estudio sobre la Segunda venida de Cristo
(Mateo 25:31-46; Juan 14:1-3; Hechos 1:9-11; Filipenses 3:20-21; 1 Tesalonicenses 4:13-18; Tito 2:11-14; Hebreos 9:26-28; 2 Pedro 3:3-15; Apocalipsis 1:7-8; 22:7-20).

Para estudio de acontecimientos futuros:
(Génesis 18:25; 1 Samuel 2:10; Salmos 50:6; Isaías 26:19; Daniel 12:2-3; Mateo 25:31-46; Marcos 9:43-48; Lucas 16:19-31; 20:27-38; Juan 3:16-18; 5:25-29; 11:21-27; Hechos 17:30-31; Romanos 2:1-16; 14:7-12; 1 Corintios 15:12-58; 2 Corintios 5:10; 2 Tesalonicenses 1:5-10; Apocalipsis 20:11-15; 22:1-15; Mateo 22:37-39; 27:34; Romanos 12:1-2; 1 Corintios 6:19-20; 9:24-27).

"Luego vi un gran trono blanco y a alguien que estaba sentado en él. De su presencia huyeron la tierra y el cielo, sin dejar rastro alguno. Vi también a los muertos, grandes y pequeños, de pie delante del trono. Se abrieron unos libros, y luego otro, que es el libro de la vida. Los muertos fueron juzgados según lo que habían hecho, conforme a lo que estaba escrito en los libros. El mar devolvió sus muertos; la muerte y el infierno devolvieron los suyos; y cada uno fue juzgado según lo que había hecho. La muerte y el infierno fueron arrojados al lago de fuego. Este lago de fuego es la muerte segunda. Aquel cuyo nombre no estaba escrito en el libro de la vida era arrojado al lago de fuego" (Apocalipsis 20:11-15).

"Velad, pues, porque no sabéis el día ni la hora en que el Hijo del hombre ha de venir" (Mateo 25:13). Versión Reina Valera 1960.

La gracia salvadora del Señor ha sido provista para todo el mundo, y nadie absolutamente nadie necesita perderse en el infierno, este es el mensaje de esperanza que cada ser humano necesita escuchar.

¿Qué Aprendimos?

La Iglesia del Nazareno cree conforme enseña la Biblia que Jesús vendrá otra vez a juzgar a los vivos y a los muertos. En su venida todos los que han muerto resucitarán con un cuerpo transformado. El recompensará a sus hijos e hijas fieles llevándoles a un lugar de vida eterna en su presencia, llamado cielo. A quienes le rechazaron, les arrojará en un lugar de sufrimiento eterno junto al Diablo y los demonios, llamado infierno.

Actividades

INSTRUCCIONES:

1. En sus propias palabras explique quienes pertenecen actualmente al Reino de Dios y quiénes son sus enemigos.
___

2. Se ha estudiado que la segunda venida de Cristo puede ocurrir en cualquier momento... ¿Y si ocurriera esta semana? Haga una lista de aquellas cosas que necesita hacer en su propia vida esta misma semana para estar preparado/a para la segunda venida de cristo.
___

3. Elabore una lista de aquellas cosas que necesita hacer para ayudar a su familia y hermanos en la iglesia, a estar preparados para la segunda venida del Señor.
___

4. Escriba el nombre de personas que son cercanas a usted y que tiene la seguridad de que si mueren, irán al infierno. Luego tome un tiempo para orar en clase y luego ayune un día y ore en esta semana para que Dios use su vida para que estas personas puedan ser salvas.
___

Evaluación Final

CURSO: PRINCIPIOS PARA LA VIDA CRISTIANA

Nombre del alumno/a: _____
Iglesia o centro donde estudia: _____
Distrito: _____
Profesor/a del curso: _____
Fecha de esta evaluación: _____

1. *Explique en sus palabras como este curso le ayudó a valorar la doctrina de la Iglesia del Nazareno.*

_____
_____
_____
_____
_____

2. *Mencione algún tema del curso que fue provechoso para su crecimiento en la vida cristiana.*

_____
_____
_____
_____
_____

3. *Escriba una/s pregunta/s que usted tenía y que fueron respondidas con este curso.*

_____
_____
_____
_____
_____

4. *¿Qué aprendió en la práctica ministerial del curso?*

_____
_____
_____
_____

5. *En su opinión ¿Cómo se podría mejorar este curso?*

_____
_____
_____
_____

Bibliografía

Libros:

Clarke Adam. *Comentario de la Santa Biblia III*. Kansas City, Casa Nazarena de Publicaciones: 1974.

Grudem, W. *Teología Sistemática (Tomo I)*. Miami, Florida, Vida: 2007.

Iglesia del Nazareno. *Manual de la Iglesia de Nazareno 2007-2021*.

Leonard, Gay. Artículos de Fe. *En que creen los Nazarenos y porqué*. Kansas City, Casa Nazarena de Publicaciones: 2009.

Mastronardi, Mónica. *Lo que creemos los nazarenos*. San José, C.R. Iglesia del Nazareno, Región MAC: 2002.

Purkiser, W.T. *Explorando Nuestra fe Cristiana*. Kansas City, Casa Nazarena de publicaciones: 1988.

_____ *Creencias para la Vida*. Kansas City, Casa Nazarena de Publicaciones: 1964.

Purkiser, W.T, W.T. R. Taylor, W. Taylor. *Dios, hombre y salvación*. Kansas City, Casa Nazarena de Publicaciones: 1991

Riofrío, Víctor. *Teología Sistemática I*. (Módulo del estudiante). San José, C.R. Asociación CN-MAC: 2003.

_____ *Teología Sistemática II*. (Módulo del profesor). San José, C.R. Asociación CN-MAC: 2003.

Taylor, Richard S., Willard H. Taylor y J. Kenneth Grider. *Diccionario Teológico Beacon*. Kansas City, Casa Nazarena de Publicaciones: 1995.

Vine W.E. *Diccionario expositivo de palabras del Antiguo y Nuevo Testamento exhaustivo de Vine*. Nashville, Tennessee, Caribe: 1999.

Wiley Orton. *Introducción a la teología cristiana*. Kansas City, Beacon Hill Press: 1976.

www.ingramcontent.com/pod-product-compliance
Lightning Source LLC
Chambersburg PA
CBHW080942040426
42444CB00015B/3407